COLLECTION CRIME STORY

W0217545

SACRIFICES HUMAINS À MATAMOROS

DU MÊME AUTEUR

Sous la signature de Gilles Bergal :

Créatures des ténèbres (Corps 9)
Cauchemar à Staten Island (Fleuve Noir)
Camping sauvage (Fleuve Noir)

Sous la signature de Milan :

Le clone triste/Dérive 1 (Fleuve Noir)
Le rire du clone/Dérive 2 (Fleuve Noir)

DANS LA MÊME COLLECTION

1.	*L'Affaire Simone Weber*	Christian GONZALEZ
2.	*L'Affaire Mesrine*	Philippe RANDA et Nicolas GAUTHIER
3.	*L'Affaire Pauline Dubuisson*	Serge JACQUEMARD
4.	*La Tuerie d'Auriol*	Jean VIGNEAUX
5.	*Spaggiari, ou le casse du siècle*	Gilbert PICARD
6.	*L'Affaire Jaccoud*	Stéphane JOURAT
7.	*Jack l'Eventreur*	Stéphane BOURGOIN
8.	*L'Affaire Weidmann*	Philippe RANDA
9.	*L'Affaire Sylvie Paul*	Jean PRASTEAU
10.	*La Bande Bonny-Lafont*	Serge JACQUEMARD
11.	*Sigoyer, le marquis fou*	Roger LE TAILLANTER
12.	*Edward Gein, le psycho*	Gilbert GALLERNE
13.	*Monsieur Landru*	Christian GONZALEZ
14.	*Marie Besnard, l'empoisonneuse*	Elisabeth CAMPOS
15.	*Ted Bundy, le beau monstre*	Serge JACQUEMARD
16.	*Le Cannibale de Milwaukee*	Stéphane BOURGOIN
17.	*Le Monstre de Rostov*	Pierre LORRAIN
18.	*L'Assassinat de John Lennon*	Pierre MERLE
19.	*Pierrot le Fou*	Roger LE TAILLANTER
20.	*La Tuerie du Sofitel d'Avignon*	Michel ROSSO
21.	*Waco, la secte en feu*	Gilbert PICARD
22.	*Petiot, docteur Satan*	Serge JACQUEMARD
23.	*Sacrifices humains à Matamoros*	Gilbert GALLERNE

GILBERT GALLERNE

SACRIFICES HUMAINS À MATAMOROS

FLEUVE NOIR

La loi du 11 mars 1957 n'autorisant aux termes des alinéas 2 et 3 de l'article 41, d'une part, que les copies ou reproductions strictement réservées à l'usage privé du copiste et non destinées à une utilisation collective, et, d'autre part, que les analyses et les courtes citations dans un but d'exemple ou d'illustration, toute représentation ou reproduction intégrale ou partielle, faite sans le consentement de l'auteur ou de ses ayants droit ou ayants cause, est illicite (alinéa 1er de l'article 40).

Cette représentation ou reproduction, par quelque procédé que ce soit, constituerait donc une contrefaçon sanctionnée par les articles 425 et suivants du Code pénal.

© 1993, Éditions Fleuve Noir.

ISBN 2-265-04948-4
ISSN : 1159-7585

Remerciements à
Joe et Karen Lansdale pour leur aide.

G.G.

PROLOGUE

Des pétards éclatent dans la chaleur de cette nuit du lundi 13 mars 1989. Un peu plus tôt, Mark Kilroy a entendu une rafale d'arme automatique, mais sans y prêter attention. Le bruit était à demi couvert par la musique et les cris des étudiants excités.

Il titube sous l'effet de la bière. Cette deuxième nuit de *fiesta* à Matamoros, petite ville du Mexique, s'achève pour lui. Il est deux heures du matin, et l'étudiant se dirige vers la frontière où ses trois amis et lui ont laissé leur voiture, pour regagner l'hôtel à Brownsville.

A côté de lui marche Bill Huddleston, également éméché ; ils ont pris un peu de retard sur les deux autres et la foule ne leur permet pas d'aller plus vite. Bill et Mark se connaissent depuis le lycée, et savent que ces vacances de Pâques sont les dernières qu'ils passeront ensemble. Bientôt ils entreront dans la vie active, et leurs chemins se sépareront à jamais.

— Attends-moi une minute, lui dit Bill.

La bière absorbée commence à produire ses effets, et l'étudiant doit aller s'isoler pour évacuer le trop-plein.

Plus loin dans la rue, leurs deux camarades continuent de s'éloigner.

Mark reste seul dans la foule, pensant peut-être à cette jolie fille qui vient de remporter le concours de Miss Bronzage et qu'il a passé la soirée à draguer. Elle l'a quitté peu auparavant. Peut-être aura-t-il plus de chance demain ?

— Hé, amigo ? Tu veux qu'on t'emmène ?

Mark redresse la tête, pas certain d'avoir compris. L'homme est au volant d'un camion. Mark s'approche d'une démarche hésitante.

— Tu veux qu'on te dépose ?

Mark Kilroy l'ignore, mais il a devant lui Little Serafin, l'un des membres de la famille Hernandez qui a la mainmise sur tous les trafics de la région. L'homme est jeune. Peut-être a-t-il deux ou trois ans de plus que lui. Il a un visage rond, barré d'une moustache et surmonté d'épais cheveux noirs. Il sourit d'un air qui se veut engageant.

Mark hésite. Il a trop bu. Le chemin qu'il lui reste à parcourir jusqu'au pont lui paraît soudain interminable. Quelques centaines de mètres, à peine, mais dans son état il a l'impression que cela lui prendra des heures et que ses jambes ne tiendront pas jusque-là.

— D'accord, dit-il.

Et il monte dans le camion.

Debout contre le mur sur lequel il est en train d'uriner, Bill l'a vu parler à un inconnu.

Puis il s'est retourné pour s'occuper de ses affaires.

Dans le camion qui l'emporte, Mark est surpris par la tension qu'il perçoit entre les trois hommes qui se trouvent à bord.

— Tu as trop bu, hein, amigo ? demande Little Serafin d'un ton faussement enjoué. Nous aussi. Va falloir qu'on s'arrête.

Devant son mur, Bill Huddleston achève de se rajuster. Lorsqu'il se retourne, Mark n'est plus là.

Il l'appelle une fois ou deux, sans obtenir de réponse. Pensant qu'il a rejoint les deux autres sans l'attendre, il hâte le pas en direction de la frontière.

Il rattrape Bradley et Brent devant chez *Garcia*, une des principales boutiques de souvenirs de la ville. Ils n'ont pas vu Mark et en déduisent qu'il les a dépassés dans la foule.

Les trois garçons ne sont pas inquiets. Pas encore. Ou du moins ne le montrent-ils pas. Mais ce qu'on disait sur Matamoros leur revient en mémoire. C'est une ville dangereuse, un endroit sans foi ni loi. Le lieu de tous les trafics, un repaire de gangsters.

C'est d'un pas pressé qu'ils traversent le pont pour gagner leur voiture où, ils veulent l'espérer, devrait les attendre Mark.

Mark n'est pas là.

Ils l'attendent. Il n'arrive toujours pas. Au bout d'un quart d'heure, il leur faut se rendre à l'évidence : Mark ne viendra pas. S'il les avait perdus et s'était dirigé vers la voiture, il serait déjà là.

Les trois amis décident de revenir à Matamoros. Laissant la voiture qui indiquera éventuellement à Mark qu'ils ne sont pas partis sans lui, ils retraversent le pont à pied. Pendant deux heures, ils parcourent les rues principales, puis les petites artères, entrant dans les bars, fouillant la foule du regard à la recherche des cheveux blonds de leur ami. Il n'est nulle part. Ils passent ensuite les ruelles au peigne fin, commençant par celle où il se trouvait lorsque Bill l'a vu pour la dernière fois. Sans aucun résultat.

Vers 4 heures du matin, alors qu'ils sont pratiquement les seuls encore debout dans les rues désertées par la foule, ils comprennent qu'ils ne le retrouveront pas cette nuit-là. Ils reviennent lentement à la voiture, continuant malgré tout de fouiller chaque coin d'ombre du regard, dans l'espoir de le découvrir affalé quelque part, cuvant sa bière ou assommé par des malandrins.

Dans la voiture qui les ramène à l'hôtel, ils émettent toutes sortes d'hypothèses. Mark doit être rentré avant eux. Il a trouvé quelqu'un pour le raccompagner et aura profité de l'occasion. Certes, cela ne lui ressemble pas, mais il n'a peut-être pas eu le temps de les prévenir. Il est dans sa chambre, en train de ronfler alors qu'eux ont passé deux heures à retourner Matamoros pour le trouver. Ou bien il a fini par réussir à emballer sa Miss Bronzage, et c'est dans sa chambre à elle qu'il se trouve en ce moment, tandis que ses amis se font un sang d'encre. A moins qu'il se soit trouvé mêlé à une bagarre et que la police mexicaine l'ait embarqué ?

La limitation de vitesse doit leur paraître insupportable, et nul doute que la voiture la dépasse à deux ou trois reprises sur le chemin de retour.

Mark n'est pas à l'hôtel. Restent les autres hypothèses, mais les trois amis n'y croient guère. Ils se couchent néanmoins, espérant le voir arriver le lendemain matin pour le petit déjeuner, un large sourire aux lèvres, prêt à déballer le récit de ses exploits nocturnes, et chacun se tourne et se retourne longtemps dans son lit avant de parvenir à trouver le sommeil.

PREMIÈRE PARTIE

CHAPITRE PREMIER

Le 1er novembre 1962 à Miami, Delia Gonzalez de Valle de Posada, jeune émigrée cubaine de quinze ans, donna naissance à un enfant du nom d'Adolfo Constanzo. Moins d'un an plus tard, elle divorça pour retourner vivre avec ses parents à Porto Rico. Les circonstances du divorce ne sont pas très claires, mais on ne revit jamais le mari.

Quelques mois plus tard, la jeune femme se remaria, cette fois-ci avec un opulent homme d'affaires portoricain. L'homme était bon et généreux. Il s'occupa bien du fils de son épouse, à laquelle il fit trois autres enfants : deux garçons et une fille.

Adolfo grandit à San Juan, Porto Rico, à la plus grande satisfaction de sa mère : c'était un garçon bien élevé, toujours très propre. Il avait horreur de se salir et poussait le souci de la netteté jusqu'à plier soigneusement ses affaires le soir avant de se coucher, et à exiger qu'un peignoir l'attende lorsqu'il sortait du bain. Si ses affaires n'étaient pas soigneusement repassées, il exprimait clairement son mécontentement.

Peut-être faut-il voir là une réaction envers le milieu dans lequel il avait grandi. Sa mère était loin de partager son souci de propreté : les appartements qu'elle quittait (laissant généralement derrière elle un arriéré de loyers et de nombreuses factures impayées), étaient constellés d'excréments (d'origine humaine autant qu'animale), de taches de sang, de restes de nourriture pourris... Les murs et les portes étaient défoncés, les installations électriques arrachées, les robinets volés ou cassés....

Adolfo n'était pas un enfant turbulent. Il évitait les jeux brutaux de ses camarades, et tout ce qui pouvait le salir[1]. Il pratiquait le tennis, et la légende veut qu'il ait été très bien noté à l'école. Il semble bien que ce n'ait été qu'une légende, sans doute propagée par sa mère. Ne répétait-elle pas à qui voulait l'entendre qu'il était une star, et promis au plus brillant avenir ? Difficile de faire coïncider ses affirmations avec un mauvais carnet de notes. Il aurait même servi comme enfant de chœur à l'église catholique : il aimait le rituel, les vêtements des prêtres, et l'ésotérisme des messes.

Cette vie aurait pu continuer indéfiniment, mais le malheur guettait la petite famille. Alors qu'Adolfo était âgé d'une dizaine

1. Il semble bien que de leur côté, ses condisciples l'aient plus ou moins évité. Sa mère avait la réputation d'être une sorcière et on préférait se tenir éloigné de cette famille.

d'années, son beau-père tomba gravement malade. On diagnostiqua un cancer. Sur l'insistance de son épouse qui pensait que le climat lui conviendrait mieux, toute la famille émigra de nouveau pour s'installer à Hialeah, une ville de cent mille habitants au nord-ouest de Miami. Le climat ne suffit pas, et l'homme mourut en 1973.

Le rôle de veuve inconsolable ne seyait pas à la mère d'Adolfo qui trouva très vite un nouvel époux.

Adolfo n'apprécia pas le nouveau venu. Bien que celui-ci l'ait adopté, l'enfant ne l'aimait pas. L'antagonisme évolua bientôt en une haine farouche et la mère d'Adolfo était obligée de les séparer lorsque le beau-père prétendait corriger l'enfant. Finalement, elle interdit purement et simplement à son mari de s'occuper de son fils. Elle pouvait se le permettre : elle n'avait pas besoin de lui pour faire vivre sa famille. Delia Gonzalez de Valle gagnait sa vie en pratiquant la Santeria, bien qu'elle s'en soit toujours défendue et ait prétendu être une bonne catholique[1].

1. Accessoirement, elle arrondissait ses fins de mois par quelques moyens illégaux. Son casier judiciaire fait notamment état de vols à l'étalage, attaque à main armée, émission de chèques sans provision, vandalisme, mauvais traitements à enfants et vol qualifié ! Utilisant autant d'identités différentes que le lui permettait son patronyme, Delia Aurora Gonzalez del Valle de Posada devenait tour à tour Aurora de Valle, Delia Aurora de Posada ou une autre, ce qui lui permettait de passer à chaque fois devant les tribunaux comme s'il s'agissait de son premier délit et de bénéficier ainsi de la clémence des juges alors même qu'elle faisait l'objet de mandats d'arrêt pour d'autres crimes !

Ce n'était pas l'opinion de ses voisins. Ils en voulaient pour preuve les animaux que gardait la famille, chèvres et coqs, que les *santeros* sacrifient au cours de cérémonies[1]. Un jeune voisin s'étant querellé avec Adolfo, sa mère retrouva devant sa porte une tête de poulet. Dans la banlieue hispanisante de Miami, point n'est besoin d'un interprète pour déchiffrer le message : quelqu'un vient de vous jeter un sort. Il est fort possible que le poulet en question ait été sacrifié par Adolfo. Il avait été initié très tôt à la Santeria par sa mère et l'une des récompenses qu'elle lui accordait lorsqu'il s'était bien comporté était l'autorisation de pratiquer lui-même un sacrifice.

Ce n'était pas la première découverte de ce genre dans le quartier. Personne n'osait cependant protester ouvertement : les *santeros* sont considérés comme des gens puissants qui dialoguent directement avec les dieux et les esprits ; mieux vaut les ménager.

La Santeria, comme le Vaudou dont elle est une proche parente, est une religion mal connue des non pratiquants. Elle trouve son origine chez les Yoruba, peuplade originaire du Nigeria importée à Cuba par les planteurs. Lorsque les prêtres catholiques ont tenté d'extirper les croyances ancestrales des esclaves yoruba, ces derniers ont très vite trouvé dans le catholicisme un panthéon

1. Plus tard, une femme qui racheta la maison où avaient vécu les Constanzo découvrit à l'intérieur un autel, des chandelles, de la cire et des fruits offerts en sacrifices aux dieux.

parallèle sur lequel ils ont greffé le leur. C'est ainsi que Obatala est connu chez les catholiques sous le nom de Jésus. C'est parfois une divinité féminine. Les catholiques l'appellent alors la Vierge Marie, et lorsqu'il est invisible, il devient le Saint-Esprit.

Bascom, scientifique ayant étudié les *santeros* cubains en 1948, découvrit que le sang, les pierres, et les herbes étaient le fondement de ce culte. Chaque *santero* fait le vœu de protéger ses pierres sacrées et de les nourrir au moins une fois l'an. Chaque déité — ou *orisha* — a ses herbes propres, son type de pierre, et des animaux constituant sa nourriture favorite. Les herbes servent à purifier, rafraîchir et préparer les fidèles et les objets rituels pour le contact avec l'*orisha*. Le sang est la nourriture des dieux, et les pierres sont les objets à travers lesquels on les nourrit, dans lesquels résident leurs pouvoirs.

Les dieux de la Santeria ayant tous une fonction bien précise, devant tout événement, le *santero* est en mesure de nommer précisément celui qui en est responsable, et de dire ce qu'il convient de faire pour y remédier.

La hiérarchie de la Santeria repose sur un triangle assez large. Au sommet se trouve Olofin, créateur du monde. Une fois son travail accompli, il s'en est désintéressé et a délégué ses pouvoirs à son fils, Obatala, vêtu de blanc et avec lequel certains prêtres peuvent parfois communiquer.

Au niveau immédiatement inférieur arrivent les premières déités.

Orunmila est la destinée. On ne peut pas lui parler, il faut s'adresser à son adjoint, Ifa, dieu de l'impossible, de la divination et des palmiers, également connu sous le nom de saint François d'Assise. Ifa n'étant pas très facile à joindre, mieux vaut se contenter de son assistant, Elegba ou Eleggua dont la tâche est de régler les petits problèmes. On le trouve à la croisée des chemins. Il ouvre et ferme les portes, protège le seuil des maisons, et garde l'entrée de l'au-delà. Ses mets préférés sont le rat et le porc. Il aime boire et fumer le cigare. S'il ne peut pas résoudre votre problème, il pourra en indiquer la source, moyennant le sacrifice d'un poulet. Elegba est tout de même quelqu'un dont il faut se méfier. Selon l'itinéraire choisi pour l'atteindre, il correspond à deux personnalités bien différentes du panthéon chrétien : il peut être le Diable ou saint Pierre.

Enfin, un échelon plus bas, se trouvent tous les autres dieux, dont les pouvoirs sont plus ou moins étendus.

L'un des plus importants est Shango, dieu de la guerre, du feu, du tonnerre et des éclairs. Portant des bandeaux rouges et blancs, il vit dans les nuages et envoie des éclairs chaque fois qu'on lui offre un sacrifice. Il est le maître du pouvoir. Pour les Européens, c'est sainte Barbe.

L'une de ses femmes est Oya (sainte Thérèse), déesse de la rivière et, à Cuba, des cimetières. Sa maîtresse attitrée est Oshun, déesse de l'amour et de l'or, très belle femme vêtue de protège-bras et de colliers de laiton qui est également la sainte patronne de Cobre, à Cuba, sous le nom de Vierge de Cobre.

Elgbara, ou Echu, est le premier honoré lors d'une cérémonie. On l'a assimilé à tort à Satan, peut-être parce qu'il est facétieux et n'hésite pas à faire de mauvaises plaisanteries, mais la mythologie des Yoruba ne comprend pas de déité qui soit mauvaise par définition.

Aroni est le dieu de la médecine, Babalu-Ayé celui des malades, Osanyin le patron des médecins et le propriétaire des feuilles de la forêt. Erinle, ou Inle (saint Michel) est un chirurgien. Bascoso est le grand ancêtre de tout le monde, fondateur de la dynastie des Yoruba. Chiyidi est le dieu des cauchemars auquel on fait appel pour tourmenter ses ennemis. Ibeyi est un dieu double protecteur des enfants. Ochumare est la déesse des arcs-en-ciel. Oggun est le dieu de la guerre et de l'acier. Olarosa le protecteur des maisons. Olimerin celui des villages. Orunla possède le système de divination. Oyé est le dieu géant des orages...

Le panthéon coloré des Yoruba s'est aisément adapté à la religion catholique pour donner naissance à la Santeria (l'adoration des saints), partagée à des degrés divers par les différentes ethnies africaines importées de force sur le continent américain, et notamment à Cuba. D'autres ethnies, également transplantées à Cuba, ont donné naissance à des religions parallèles. C'est ainsi que les Arara, originaires du Dahomey, ont mêlé leurs croyances à celles des Européens pour donner naissance au Vaudou. La Palo Mayombe, quant à elle, vient des Bantous, qui vivaient dans une région du Congo connue sous le nom de Mayombe. L'autre moitié du nom, Palo, provient de l'espagnol et signifie « bâton », par référence aux vingt-huit bâtons que le prêtre plonge dans son *nganga* (chaudron).

La Santeria est donc une branche d'une religion à part entière, qui plonge ses racines dans un passé immémorial. Il serait aisé de balayer tout cela en pensant qu'il s'agit juste de superstitions sans intérêt. Ce serait faire peu de cas de la centaine de millions de personnes qui pratiquent cette religion sous ses diverses formes, que ce soit en Afrique ou en Amérique. Pour situer les choses, disons que cela représente environ huit fois le nombre de fidèles dont se réclame le judaïsme.

La Santeria ne paraît cependant pas avoir particulièrement réussi à Delia Gonzalez de Valle qui, quelques années plus tard, reçut la visite de la police à la suite de plaintes pour mauvais traitements à enfant. Le policier qui se rendit chez elle la trouva entourée de vingt-sept animaux, et de plusieurs enfants. L'appartement, comme les précédents, était dans un état de saleté impensable, deux enfants, dont un simple d'esprit, dormaient sur un matelas maculé d'urine et d'excréments. Le sol était jonché de détritus divers et de déjections animales.

Adolfo, à cette époque, était déjà devenu un fervent pratiquant de la Santeria.

CHAPITRE II

Mark ne bouge pas mais son cerveau fonctionne aussi vite que le lui permettent les vapeurs d'alcool. Il a deviné que quelque chose n'allait pas. Les trois hommes qui se trouvent avec lui lui paraissent soudain très menaçants malgré leur jeune âge. Il se remémore les légendes qui courent sur Matamoros, la ville où tout est possible. Il comprend qu'il a eu tort de faire confiance à des inconnus. Il devine qu'on n'a pas l'intention de le ramener jusqu'au pont.

Ses ravisseurs, quant à eux, le croient abruti par la bière. Ils sont satisfaits. On leur a demandé de ramener un *gringo*, un blond, un véritable Américain, et ils ont ce qu'il faut.

Le camion file dans la nuit sur une route de campagne le long du Rio Grande. Au loin, les cheminées de la raffinerie de pétrole se découpent dans l'obscurité, illuminées par les projecteurs de la sécurité.

Le conducteur du camion a cependant un problème. Ainsi qu'il l'a dit, lui non plus n'a pas lésiné sur la bière. Il lui faut s'arrêter.

Le camion se range sur le bas-côté, et il descend pour aller uriner. Ses deux compagnons en font autant. Le *gringo* a l'air complètement assommé par la bière, ils sont convaincus qu'il ne bougera pas.

Mark, qui ne guettait qu'une occasion, se jette par la portière. Il roule dans la nuit, tombe dans la poussière.

Des cris éclatent. Il se relève, se met aussitôt à courir. Derrière lui, les trois Mexicains le regardent filer, interloqués. Ils continuent d'uriner dans l'obscurité, incapables de s'arrêter pour le poursuivre, alors que leur proie s'enfuit.

Une voiture arrive sur la route. Mark fonce vers elle en agitant les bras. Des secours ! Il est sauvé. La voiture freine dans un hurlement de pneus. Plusieurs hommes en descendent.

— A l'aide ! hurle Mark. On m'a enlevé...

— *Freeze* !

L'interjection couramment utilisée par les policiers américains le bloque. Il s'immobilise. Les nouveaux venus s'approchent sans se presser.

Le coup de poing lui coupe la respiration. Un choc à la tête l'étourdit. On se saisit à nouveau de lui, on le couche sur le capot de la voiture et il sent qu'on lui attache les mains dans le dos. Un bruit de déchirement, et un large morceau de sparadrap est appliqué sur ses lèvres, étouffant ses cris. Autour de lui les hommes s'interpellent en mexicain. Il ne comprend pas ce qui se dit, mais une chose est claire : les hommes dans la voiture sont les complices de ceux qui l'ont enlevé et faisaient office d'arrière-garde. En se précipitant vers eux, il n'a fait que se jeter dans la gueule du loup.

On le frappe encore avant de le forcer à monter dans la voiture. Assis à l'arrière, ligoté, bâillonné, un couteau lui entrant dans les côtes, Mark ne bouge plus.

Les deux véhicules repartent dans la nuit.

CHAPITRE III

Tandis que d'autres apprenaient un métier et envisageaient de devenir plombier ou mécanicien, le jeune Adolfo recevait une éducation des plus particulières. Sa mère, pratiquante affirmée de la Santeria, l'initiait aux arcanes de cette religion. Elle était persuadée que son fils pouvait lire dans les esprits et avait le don de double vue. Elle en avait eu la preuve (!) lorsqu'il lui avait annoncé que Marylin Monroe ne s'était pas suicidée mais qu'on l'avait assassinée. L'actrice était l'idole de Delia Gonzalez, et sa photo trônait en bonne place au milieu des représentations d'*Orishas* (dieux de la Santeria) qui parsemaient son appartement. Plus tard elle affirma qu'Adolfo avait prédit la tentative d'assassinat contre Reagan. Adolfo apprit à reconnaître les différents dieux, leurs pouvoirs, leurs désirs. Chacun avait sa vie propre, et il fallait lui rendre hommage en fonction de sa personnalité. Les offrandes (fruits, animaux...) avaient une fonction bien précise :

les dieux étant des êtres vivants, il leur fallait se nourrir avec les sacrifices en échange desquels ils accordaient leurs faveurs.

Jugeant bientôt que le jeune garçon n'avait plus rien à apprendre d'elle, Gonzalez del Valle l'envoya étudier auprès d'un puissant sorcier. Il avait maîtrisé la Santeria, il devait à présent s'initier à la Palo Mayombe.

Elle avait de la famille à Haïti et il ne fut pas difficile au jeune garçon d'aller y faire un séjour. Là, on le mit en contact avec un *palombero*. Si jusqu'à présent Adolfo n'avait pratiqué qu'une religion bénigne, plutôt orientée vers le bien (on honore des dieux à qui on demande des services), cela changea avec la Palo Mayombe qui est dévolue au mal. C'est une magie noire, que l'on pratique grâce à des sacrifices offerts à des déités malfaisantes auxquelles on peut tout demander : la mort d'un ennemi, la maladie pour quelqu'un qu'on n'aime pas... Certains reconnaissent pratiquer la Santeria, mais très peu admettent ouvertement être des adeptes de la Palo Mayombe.

C'est ainsi que Constanzo se retrouva un soir les yeux bandés et portant des vêtements volés à un cadavre. Assis au pied d'un arbre de Ceiba sous lequel il avait dormi les sept nuits précédentes, entouré de *palomberos*, l'adolescent écoutait les paroles syncopées des incantations en bantou que proféraient les pratiquants de la Palo Mayombe. Il avait la tête ceinte d'une couronne de feuilles prélevées sur l'arbre qui le dominait, et grâce à laquelle les esprits des morts pourraient pénétrer dans son cerveau. La cérémonie dura plusieurs heures. Finalement, le *palombero* dirigeant les opérations lui passa un poulet sur le corps. L'animal fut ensuite égorgé et son sang goutta dans le chaudron magique, le *nganga*, nourrissant les esprits qui devaient prendre possession de l'adolescent. Toujours aveuglé par un bandeau, Constanzo sentit une odeur de poudre et se raidit involontairement dans l'attente de ce qui allait suivre.

Le *palombero* s'était placé derrière lui et avait chauffé à blanc la lame d'un poignard avec lequel il entreprit de lui marquer le dos.

La tête de Constanzo lui tournait et la douleur était terrible, mais en même temps il se sentait pénétré d'une joie sauvage. Avec ces symboles que l'on gravait dans sa chair s'achevait son initiation. Lorsque le *palombero* lui ôta le bandeau des yeux, il était lui-même devenu un *palombero*. On lui remit alors la bougie et le tibia humain qui constituaient ses sceptres et lui donnaient le pouvoir sur l'au-delà.

Il était prêt pour réaliser son premier *nganga*. Ce mot qui au Cameroun désigne un sorcier est, dans la Palo Mayombe, le nom du chaudron de sorcière, littéralement, qui permet de capturer les esprits et de les diriger. La composition de ce chaudron est longue et difficile. On commence par se rendre dans un cimetière où l'on choisit une sépulture que l'on marque en l'aspergeant de rhum. En général c'est celle d'un Blanc, dont l'esprit est plus facile à dominer et qui permettra éventuellement de s'attaquer à d'autres Blancs, tout en protégeant le sorcier contre leur magie. Si on le peut, on choisira un fou ou un criminel mort dans des circonstances violentes, ce qui renforcera la puissance maléfique du *nganga*.

On déterre ensuite le cadavre dont on emporte la tête, un tibia, les phalanges, les orteils et quelques côtes.

Ce sont les ingrédients principaux du *nganga*, mais ils ne sont pas les seuls. On ajoute également des morceaux d'animaux, de plantes, des pièces de monnaie pour payer les esprits, un bout de cigare, du métal, de l'eau de mer pour capter la puissance des marées, de la cire de cierges, du mercure qui est à la fois métal et liquide[1], vingt-huit branches prises dans une forêt, des clous de chemin de fer, des plumes, des pierres sacrées, et de petits outils d'acier. On peut également mêler à ce brouet des cendres, du poivre rouge, du sang, du chili, de l'ail, du gingembre, des oignons, de la cannelle, des fourmis, des vers, des lézards, des termites, des chauves-souris, des mouches, une tarentule, un mille-pattes, une guêpe, un scorpion... Après quoi on enterre le *nganga* dans le même cimetière. On le récupère au bout de trois semaines. Ce qui se trouve à l'intérieur est alors dans un état de décomposition avancée et dégage une odeur

1. On notera que le mercure joue également un rôle important dans la sorcellerie occidentale.

difficile à supporter. Suivant les cas, on ajoute au *nganga* un crucifix — on diverge alors vers la « Palo Mayombe chrétienne » et le chaudron est censé ne servir que dans un but bénéfique — ou un chat noir qui renforce son pouvoir sur les forces du mal.

Certains *palomberos* nourrissent leur *nganga* de sang, alors que d'autres s'y refusent absolument, de crainte de le voir se transformer en vampire qui absorbera la vie de tous ceux qui se trouveront à proximité. Pour cette même raison, le *nganga* est gardé à l'extérieur, de crainte qu'il n'attire le malheur sur ceux qui vivent dans la maison.

L'initiation de Constanzo s'arrêta-t-elle là[1] ? Se borna-t-on à lui faire passer le premier rite, ou bien dut-il constituer son propre *nganga* ? Fut-il initié à des rites plus sinistres encore, tel celui des Abukua qui pratiquaient la torture, le cannibalisme et les sacrifices d'enfants, et que l'on croyait disparu jusqu'à ce qu'une ethnologue découvre dans les années cinquante que ce culte se perpétuait à Cuba ? On ne connaîtra sans doute jamais la réponse à cette question.

A son retour à Miami, la situation continua à se dégrader avec son beau-père. L'adolescent n'acceptait plus la présence de cet étranger à la maison.

En 1975, le beau-père demanda le divorce

1. Un autre aspect de la formation reçue par Constanzo auprès du *palombero* fut l'homosexualité. C'est là qu'il apprit à lier sexe et magie noire.

et l'obtint. Il disparut sans laisser d'adresse. Un autre époux survint rapidement, qui ne s'entendit pas mieux avec Adolfo. Là encore, l'union ne dura guère et un divorce vint bientôt la briser.

Adolfo restait seul avec sa mère, ses deux frères et sa sœur. Il allait s'occuper d'eux avec amour et dévouement.

De l'amour, il semblait en avoir à revendre. A tel point qu'à l'âge de quatorze ans, il fit un enfant à une fillette de treize ans. La mère de celle-ci interrompit immédiatement les relations entre les deux amoureux, et adopta officiellement l'enfant. A vingt ans, il aurait fait un autre enfant, à une femme mariée et plus âgée que lui cette fois[1].

La rupture ne chagrina pas outre mesure Adolfo qui avait d'autres soucis, d'autres ambitions. Il venait de quitter l'école, et gagnait officiellement sa vie en vendant des charmes et des potions, tout en prétendant vouloir devenir mannequin.

En fait de charmes, il est possible qu'il ait également vendu les siens. A l'époque il commençait à fréquenter les bars d'homosexuels. Adolfo était beau garçon, et son entrée dans ce genre d'endroits était toujours

1. Cet aspect de la vie de Constanzo est à prendre avec circonspection : l'information vient de sa mère, qui entendait prouver ainsi qu'il n'avait jamais été homosexuel. Néanmoins, Constanzo ayant fait par la suite la preuve qu'il était bisexuel, il n'est pas impossible que deux adolescents grandissent quelque part avec son sang dans les veines.

remarquée. On le vit dans les bars de Miami, et dans ceux de Fort Lauderdale.

Il ne manquait pas d'argent. Son commerce, quel qu'il ait été, marchait bien. La police doutait cependant que les seules potions magiques aient été capables de lui rapporter autant. On le soupçonnait de petite délinquance, et il fut arrêté à deux reprises pour vol à l'étalage (la seconde fois pour avoir volé une tronçonneuse !). L'étau se resserrait peu à peu autour de lui. On retrouvait son nom dans diverses affaires de trafic de drogue. La police commençait à sérieusement s'intéresser à lui lorsqu'il estima plus prudent de changer d'air. En 1984, il gagna le Mexique, officiellement pour y entreprendre cette carrière de mannequin dont il parlait souvent sans qu'elle se soit jamais concrétisée. Il reviendrait régulièrement voir sa mère restée à Miami, à laquelle il demeurait très attaché et qu'il couvrirait de cadeaux dès qu'il en aurait les moyens.

CHAPITRE IV

La voiture, toujours suivie du camion, s'est engagée sur un chemin de terre après avoir parcouru maintes routes de campagne. A l'arrière, Mark est ballotté de droite et de gauche à chaque fois que les roues plongent dans une ornière. Ils sont à plus de soixante-dix kilomètres de Matamoros. Les phares des deux véhicules illuminent les rangées de maïs de chaque côté du chemin. Dans la région, le maïs, le coton et le sorgho dissimulent souvent des plantations de marijuana, mais ce n'est pas le cas ici. L'endroit où l'on conduit Mark est une exploitation agricole tout à fait normale. Mark ne le sait pas, mais il vient d'arriver au ranch Santa Helena, qui appartient à la famille Hernandez.

Après les champs de maïs, les deux véhicules débouchent sur un espace découvert. Là se dresse une baraque en bois de six mètres sur cinq devant laquelle ils se rangent. Plusieurs hommes s'approchent, jeunes pour la plupart. Il aurait pu s'agir de condisciples de

Mark. Entre leurs mains se trouvent des pistolets-mitrailleurs. Les moteurs se taisent et l'étudiant est extirpé sans ménagement de la voiture. On le conduit jusqu'à une grange où il se retrouve projeté. La porte claque dans son dos et il reste seul dans l'obscurité. Il est toujours lié et bâillonné. Du pied, il reconnaît les lieux autour de lui. La pièce est vide. Il perçoit quelques mouvements provenant de l'extérieur et comprend qu'on vient de placer un garde devant sa porte. La seule issue à sa prison. Il s'assoit sur le sol de terre battue et fait le point sur sa situation.

Elle n'est pas brillante.

CHAPITRE V

Avec 20 millions d'habitants, Mexico est la plus grande métropole du monde. La plus polluée également : les montagnes qui l'entourent empêchent ses émanations toxiques de s'échapper. Sa population, qui augmente chaque jour de 2 500 âmes, dépassera les 30 millions avant l'an 2 000. La plupart des nouveaux venus s'entassent dans l'un des bidonvilles ceinturant la ville.

Adolfo Constanzo ayant débarqué avec deux valises pour tout bagage, commença par vivre dans des meublés de la Zona Rosa, quartier où se retrouvent les homosexuels. Puis il changea plusieurs fois d'appartement et un an après son arrivée, il vivait dans un des plus beaux quartiers de la ville.

Il s'était mis à fréquenter le Zocalo, le quartier chic de Mexico, et très vite sa photo apparut dans les journaux de mode locaux. Il continuait cependant de faire de fréquentes apparitions dans les bars pour homosexuels de la Zona Rosa où plusieurs travestis avaient leur clientèle.

Prétendant toujours vouloir faire une carrière de mannequin, il commença par gagner sa vie en tirant les cartes pour quelques dollars. C'est ainsi qu'il fit la connaissance de Martin Quintana, qui devint son amant régulier. Le charme et le magnétisme de Constanzo, auxquels venaient s'ajouter des talents divinatoires certains[1] firent que sa réputation se répandit. Parmi sa clientèle se trouvait une femme d'une quarantaine d'années, Maria del Rocio Cuevas, ancien mannequin qui rêvait de faire du cinéma mais dont la carrière ne parvenait pas à décoller. Un incident survint dès leur première rencontre, qui la convainquit des pouvoirs surnaturels du Cubain : alors qu'il sortait sur le balcon il bascula par-dessus la balustrade et chuta dans le vide. Sa visiteuse se précipita en bas et le rencontra dans le hall de l'immeuble. Il rentrait en s'époussetant, indemne. A l'extérieur, une foule s'était assemblée, regardant sans y croire la fenêtre du troisième étage d'où il était tombé, et le creux sur le toit d'une voiture en stationnement. Tous étaient d'accord : c'était un miracle qu'il ne se soit pas tué. Par la suite, Constanzo nierait l'incident en souriant, ce qui ne ferait que renforcer sa légende.

Peu après qu'Adolfo eut pratiqué plusieurs cérémonies en sa faveur — moyennant quelques milliers de dollars — et changé son nom

1. Qu'il n'hésitait pas à renforcer en collectant des renseignements aussi précis que possible sur ses clients avant de leur dévoiler ce qu'il lisait dans les cartes !

en Karla, la vie de l'actrice commença à s'améliorer et les contrats à arriver. Il lui avait également prédit que sa vie amoureuse s'arrangerait, et ce fut le cas dès qu'elle devint sa maîtresse. Conquise par sa magie, elle lui servit dès lors de rabatteuse, parmi ses relations des milieux du cinéma et du show-business.

Tout comme Karla, certains de ses clients de la première heure demeureraient des fidèles qui le suivraient jusqu'au dernier moment.

Ce fut le cas de Salvador Vidal, policier corrompu appartenant aux troupes des *federales*, qui avait un gros problème. Une ancienne blessure lui avait laissé une large cicatrice qui lui donnait en quelque sorte trois visages distincts, selon que l'on considérait le profil gauche, le droit ou le visage de face. Vidal était persuadé qu'il était possédé par trois esprits mauvais : un pour chaque visage.

Il avait été présenté à Constanzo par un autre diseur de bonne aventure, Jorge Montes[1], qui lui avait tout appris du policier avant de le lui amener. Constanzo n'eut donc aucun mal à « deviner » les problèmes dont souffrait Vidal et à identifier les trois mauvais esprits. Salvador Vidal fut immédiatement converti et devint son ardent prosélyte.

Par son intermédiaire, Constanzo commença à recruter une partie de sa clien-

1. Accompagnant Montes lors de leur première rencontre se trouvait Omar Francisco Orea Ochoa, lui aussi versé dans l'occultisme, qui devint l'autre amant régulier de Constanzo.

tèle chez les trafiquants de drogue. Cette pratique lui paraissait couler de source : c'était ce que faisait le *palombero* qui l'avait initié. Constanzo reçut ainsi la visite de caïds venus lui demander son avis sur certaines opérations. Adolfo procédait à ses rituels et prenait mentalement note. Il maîtrisait déjà la magie, il avait appris les ficelles du métier de *dealer* à Miami, il étudiait à présent celui de grossiste. Ses clients, avides de protection, ne lui cachaient rien. Les sommes en jeu étaient tellement importantes qu'ils n'hésitaient pas à payer jusqu'à cinquante mille dollars pour une cérémonie destinée à protéger l'envoi d'une cargaison ou une tentative de corruption particulièrement délicate.

Cela peut paraître une grosse somme, et il est certain que Constanzo gagnait bien sa vie, mais il convient de relativiser les choses. Tout d'abord, il avait beaucoup de frais. Il entretenait autour de lui une véritable cour de gitons, qu'il couvrait de cadeaux. Il avait conservé de son enfance l'habitude d'être toujours impeccable et ne tolérait pas la négligence. Il tenait à être bien vêtu, à rouler dans de grosses voitures, à ne porter que des bijoux de prix, et les hommes avec qui il s'affichait devaient se conformer à ce mode de vie. Il y veillait personnellement. C'est ainsi qu'on le vit dépenser plus de dix mille dollars en une seule journée pour habiller Omar Orea Ochoa.

Certains clients potentiels n'étaient pas satisfaits des services de Constanzo. Ainsi Oscar Athie, un chanteur populaire au

Mexique dont la carrière commençait à chuter. Au début de ses relations avec Constanzo, Athie nota une amélioration sensible dans sa carrière mais l'artiste et le mage finirent malgré tout par se fâcher, et Athie commença à recevoir des appels téléphoniques provenant de l'entourage de Constanzo. Il devait venir chanter gratuitement à Miami, sans quoi sa santé allait se détériorer et il finirait par mourir dans d'atroces souffrances. Comme si cela ne suffisait pas, on lui demandait trois mille dollars pour se livrer à une nouvelle cérémonie qui lui permettrait de retrouver la pureté. Il ne donna pas suite, refusant de céder au chantage. Sa carrière ne s'en ressentit nullement, et sa santé demeura excellente.

Oscar Athie eut beaucoup de chance de s'en tirer à si bon compte. Ce ne fut pas le cas de tous. Les premiers à souffrir de la colère du Cubain furent les Calzada.

Cette famille de trafiquants lui avait été présentée par Salvador Vidal, et Constanzo faisait office de conseiller occulte auprès d'eux. S'appuyant sur l'aide du policier corrompu pour décider du meilleur jour ou du meilleur endroit où faire transiter une cargaison de drogue, il avait aidé Calzada à développer son commerce. Le mage ne se contenta bientôt plus des quelques milliers de dollars que le truand lui abandonnait après chaque consultation. Il exigea la moitié des profits. Calzada lui rit au nez malgré ses menaces. Constanzo ne digéra pas l'affront. Le lendemain, il appela Calzada et lui fit des excuses. Il lui affirma qu'un autre sorcier lui avait jeté un sort, ce qui expliquait son comportement. Comme ce sort était vraisemblablement destiné à Calzada, il fallait organiser au plus vite une cérémonie pour purifier tout le monde. Le soir convenu, Calzada réunit chez lui sa famille, sa secrétaire et son garde du corps. Alors que la cérémonie était entamée, deux hommes[1] armés de pistolets-mitrailleurs entrèrent, maîtrisant rapidement le garde du corps...

Lorsque la rivière Zumpango recracha les cadavres des sept membres du clan Calzada, ils avaient été mutilés (doigts et orteils coupés, sexes et cœurs arrachés, deux cadavres n'avaient plus leur cervelle...). Les morceaux manquants avaient fini au fond du *nganga* de Constanzo.

Ce carnage dut apaiser le Cubain, qui se contenta, au cours des mois suivants, de torturer quelques-uns de ses clients désireux de renoncer à ses services. Il s'écoula un an avant qu'il ne commette un autre meurtre.

La future victime était un travesti se prostituant sous le nom de Claudia Yvette. Pour son malheur, il partageait avec Jorge Montes un appartement sur la Calle Londres. Montes — qui avait dépassé la cinquantaine — n'appréciait pas de le voir ramener de jeunes amants chez lui en son absence. Il n'aimait pas non plus les scandales provoqués dans l'immeuble

1. Selon les membres du culte présents ce soir-là, les deux hommes étaient Martin Quintana et Salvador Vidal, mais Salvador Vidal a toujours nié toute participation à ce crime.

par le travesti lorsqu'il était ivre. Il avait décidé de l'expulser mais l'autre refusait de partir. Jorge Montes en parla à Constanzo et lui demanda son aide.

La requête n'aurait pu mieux tomber : Constanzo était en train de composer un nouveau *nganga* et avait besoin de matière première. Il sortit une machette et demanda à Martin Quintana, Omar Ochoa, Juan Carlos Fragosa et Jorge Montes de l'accompagner. Constanzo leur fit prendre les tuniques blanches qu'ils endossaient lors des cérémonies, et ils se rendirent Calle Londres.

Là, ils allumèrent quelques cierges et Constanzo procéda à un rituel en attendant le retour du travesti. Puis ils éteignirent la lumière et patientèrent en silence dans l'obscurité.

Claudia Yvette rentra assez tard, revêtu d'une longue robe de soirée, titubant sous l'effet de l'alcool. Le travesti tenta bien de résister, mais submergé par le nombre, il fut entraîné malgré ses hurlements jusqu'à la salle de bains. Là, Constanzo le fit ligoter et bâillonner avec un large ruban adhésif : une technique qu'il réutiliserait par la suite.

Martin lui arracha sa robe de soirée et ses dessous affriolants, en ignorant les questions angoissées de Jorge Montes qui commençait à comprendre ce qui allait se passer.

Méthodique, Constanzo referma la bonde de la baignoire pour récupérer le sang avant d'y jeter le travesti.

Et le couteau s'abattit.

Omar et Jorge reculèrent, affolés. Constanzo leur jeta un regard méprisant et leur ordonna de simuler un cambriolage.

Omar et Jorge firent ce qu'on leur demandait, tandis que Constanzo et Quintana — qui n'était pas mécontent de marquer ainsi des points par rapport à son rival Omar — entreprenaient de découper le travesti, lui tranchant les doigts, le pénis, les orteils, alors qu'il vivait encore. Constanzo entreprit de le dépecer vif, mais l'autre se débattait tellement qu'il dut se résoudre à lui trancher la gorge.

Pendant ce temps, Juan Carlos Fragosa vomissait tout ce qu'il pouvait.

Plus tard, Omar et Jorge sortirent promener les chiens. A leur retour, ils furent chargés de nettoyer la salle de bains.

On retrouva le cadavre, découpé en treize morceaux, enveloppés dans des sacs poubelle, dans la rivière Zumpango qui en avait vu d'autres.

CHAPITRE VI

Mark Kilroy est seul dans sa cabane. Il est toujours attaché et un morceau de ruban adhésif lui obture les yeux. Il n'a pas pu dormir de la nuit. Dégrisé, il a passé les longues heures à prier, à penser à ceux qu'il a laissés derrière lui à Santa Fe : son frère, son père, sa mère... En fin de matinée, il a entendu une voiture arriver et ses gardiens saluer quelqu'un. Puis la porte s'est ouverte et un homme est entré qui l'a examiné. « C'est bien », a-t-il dit en espagnol avant de repartir.

Mark se demande pourquoi il est là, ce qu'on lui veut. Il pense qu'il s'agit d'une erreur, mais n'en est pas très sûr. Le Mexique est le pays de la contrebande et son oncle, Ken Kilroy, travaille pour les douanes américaines. Peut-être s'agit-il d'une vengeance de trafiquants ?

En début d'après-midi, un vieillard lui apporte des œufs brouillés avec un peu d'eau et du pain. Mark reprend confiance. Allons, si on le fait manger c'est qu'on n'a pas l'intention de lui faire du mal. Il tente bien de gagner le vieillard à sa cause, mais l'autre ne parle pas anglais ou fait comme s'il ne comprenait rien. Mark abandonne.

Après son repas, on lui remet son bandeau sur les yeux et on le fait sortir de la grange.

— Où m'emmenez-vous ? demande-t-il.

Pas de réponse.

— Est-ce que vous allez me faire du mal ?

Cette fois la question suscite un « non » laconique. Mark n'est pas plus rassuré pour autant. Ils parcourent environ deux cents mètres sur un sol inégal, et il trébuche à plusieurs reprises. A chaque fois une poigne solide le relève et on le pousse en avant d'un coup de crosse. Finalement, il entend grincer une porte de bois et entre dans une autre cabane.

Il le devine à deux choses : la première est que la chaleur accablante s'atténue tout à coup, signe qu'il est passé à l'ombre ; la deuxième est une odeur abominable qui lui donne envie de vomir.

La voix de l'homme venu l'examiner un peu plus tôt résonne à nouveau dans l'espace confiné, ordonnant à certains de sortir et à d'autres de rester.

Mark est poussé en avant, et on le force à s'allonger sur le sol. Sous lui, il sent une toile cirée là où il s'était attendu à trouver de la terre.

Autour de lui, les hommes se mettent à psalmodier, mélangeant l'espagnol et des sonorités étranges. L'inconnu est celui qui parle le plus fort. Son rituel est parsemé de mots que le jeune Américain ne comprend pas : certains sont cajuns, d'autres bantous.

Mark se met à prier avec une ferveur renouvelée.

CHAPITRE VII

Dans les années 70, Saul Hernandez comprit que l'agriculture traditionnelle ne lui permettrait jamais de faire fortune. Sur le ranch Santa Helena, hérité de son père, il commença à cultiver la marijuana qui n'était pas plus difficile à faire pousser que le maïs et qui rapportait beaucoup plus. Il cultivait quelques plants, effectuait sa récolte et traversait le Rio Grande[1] de nuit, à la nage, les sachets de drogue collés au ventre avec du sparadrap. De l'autre côté de la frontière, il revendait l'herbe et rentrait chez lui avec un coquet bénéfice.

Au fil des années, les contacts de Saul s'étendirent, et son activité se développa. Il acheta des champs dans les États du Yucatan et du Oaxaca, proches de la frontière américaine, aussitôt convertis à la culture de la marijuana qu'il entreposait dans divers

1. Le Rio Grande n'a de grand que le nom : à Matamoros, on peut le traverser à gué et par endroits, il n'a guère que quelques mètres de large.

ranches de la région. Il se lia avec d'autres trafiquants, dont Casimiro Espinoza, surnommé El Cacho (la corne), un « parrain » local, pour lequel il procédait à l'occasion à des transports.

En 1986, sa propriété dans l'État d'Oaxaca fut l'objet d'un raid des *federales*. Un certain Juan Benitez Ayala, que l'on aura l'occasion de retrouver, dirigeait l'opération au cours de laquelle plusieurs tonnes de marijuana furent saisies et brûlées.

Casimiro Espinoza, quant à lui, fut la victime d'un attentat. Ses agresseurs le criblèrent de balles et le laissèrent pour mort. Mais El Cacho avait la peau dure. Il s'en sortit et se retrouva à l'hôpital. Ses ennemis n'avaient aucune intention de le laisser s'en tirer pour revenir exercer sa vengeance. Un commando fit une descente sur l'hôpital. La technique employée eut le mérite de la simplicité et est représentative de l'absence de scrupules des truands mexicains : les gangsters ouvrirent une porte après l'autre et arrosèrent de balles l'intérieur de la pièce avant de passer à la suivante. Ils tuèrent six personnes, hommes, femmes et enfants, avant de parvenir à la chambre de leur rival auquel ils ne laissèrent cette fois aucune chance.

La mort d'El Cacho ouvrit la porte au développement de la bande Hernandez. Saul engagea quelques *pistoleros*. Parmi eux se trouvait un certain Alvaro de Leon Valdez, surnommé El Duby qui, bien qu'âgé de vingt-deux ans seulement, était déjà connu pour sa férocité.

Dans un monde de violence où la loi n'existe pas, les seules personnes en qui l'on puisse avoir confiance sont celles qui vous sont liées par le sang ; dans un pays frappé par la misère, le dernier rempart contre le malheur reste la famille. Saul se tourna donc tout naturellement vers sa famille lorsque son commerce commença à prendre de l'importance. Il lui fallait quelqu'un aux USA pour surveiller l'arrivée de la marchandise, veiller à récupérer l'argent, et établir un réseau. Lui-même ne pouvait pas s'en charger : en 1984, il avait été arrêté dans le Michigan avec dix tonnes de marijuana. Libéré sous caution, il avait aussitôt retraversé la frontière en se jurant de ne plus remettre les pieds aux USA. Son frère aîné, Serafin Hernandez Rivera, était tout désigné pour cette tâche. Il vivait à Houston, où il avait eu un fils, également prénommé Serafin. Saul lui demanda de s'installer à Brownsville, avec pour mission de veiller aux intérêts de la famille au Texas. Le jeune Serafin (Little Serafin ainsi qu'on l'appelait dans la famille) était donc citoyen américain issu d'une famille mexicaine. Il vécut une vie normale d'adolescent américain. Il rêva vaguement de devenir un champion de base-ball, mais ses capacités physiques n'étaient pas à la hauteur de ses ambitions et il dut se rabattre sur des études plus classiques. Il savait que sa famille trafiquait, mais ne s'en souciait pas. Personne ne manquait d'argent. En fait, plus il vieillissait, et plus ses oncles arboraient des signes de richesse. Beaux costumes, belles villas, grosses voitures... Au fil des ans, pour le jeune Serafin, la drogue devint un mode de vie.

Son organisation prenant de l'ampleur, Saul y introduisit ses deux plus jeunes frères, Ovidio et Elio.

La famille était puissante et respectée. La police connaissait l'origine de ses revenus mais, au Mexique, cela ne gênait personne. Les Américains essayaient bien de les prendre au piège, mais la branche texane n'était que la partie émergée de l'iceberg et on ne pouvait pas grand-chose contre elle. On la craignait même. On disait, non sans raison, qu'il valait mieux ne pas se dresser contre elle si on désirait vivre longtemps. El Duby et ses acolytes étaient là pour y veiller. Un journal de Matamoros, *El Popular*, ayant publié un article sur les Hernandez, le rédacteur en chef et le journaliste auteur de l'article furent abattus en plein jour à coups de pistolets-mitrailleurs devant leur bureau. Saul aurait personnellement participé à cet attentat.

Little Serafin ne s'en inquiétait pas. Il avait été élevé dans ce milieu, et lorsqu'on l'invita à se mêler au trafic il accepta, bien qu'il ne fût qu'un adolescent à l'époque. Parallèlement, il continua ses études et s'inscrivit en faculté de droit. Il affirmait vouloir devenir policier et travailler aux Narcotiques. Il est plus vraisemblable que Saul, qui demeurait le cerveau de toute l'organisation, ait pensé qu'il valait mieux qu'un membre de la famille connaisse suffisamment la loi pour les tirer d'un éventuel mauvais pas, voire se glisse dans la police aux fins de les renseigner de l'intérieur.

A l'université, il rencontra une belle Mexicaine du nom de Sara Aldrete. Sara était née le 6 septembre 1964 à Matamoros, d'Israel Villarreal, électricien, et de Maria Teresa Aldrete. C'était une fille grande et élancée, athlétique. Elle ne faisait guère parler d'elle, mais obtint pourtant d'être élue parmi les élèves les plus populaires et de figurer au tableau d'honneur de l'université. Pour cela, il fallait non seulement avoir une moyenne excellente, mais également participer à la vie sociale de l'université. Sara était présidente d'une association, et titulaire de diplômes d'éducation physique. Elle prétendait étudier dans le but de devenir médecin. Élève idéale, pour arrondir un peu ses fins de mois, elle avait trouvé un emploi à mi-temps au secrétariat de l'université, et un autre en tant qu'assistante dans le cours d'aérobic. Plus tard, son professeur d'anthropologie, le docteur Tony Zavaleta, dirait d'elle qu'elle « était l'étudiante parfaite, intelligente, studieuse, intéressée. C'était une jeune femme attirante et amicale qui le saluait d'un sourire chaque matin du semestre... »

Ce n'était qu'une apparence. Toute la vie de Sara Aldrete reposait sur une escroquerie. Vivant à Matamoros, elle avait donné une fausse adresse pour obtenir une bourse en tant qu'étudiante étrangère résidant au Texas. La pratique est courante dans la région. Quant à son ambition de devenir médecin et à ses bonnes notes, on remarqua — mais bien plus tard car sur le moment personne n'y songea — que les principaux cours auxquels elle était inscrite étaient la gymnastique, l'anglais et l'espagnol. Il lui était donc facile d'obtenir de bonnes notes dans ces domaines mais entreprendre des études dans des matières aussi complexes que la chimie, la biologie, les mathématiques, aurait sans doute posé des problèmes à la jeune Mexicaine. En réalité, Sara cherchait à retarder son entrée dans la vie active, où l'attendait une place de caissière dans un supermarché ou de serveuse dans un fast-food. Au mieux, elle pouvait espérer devenir secrétaire chez quelque médecin de province. Mais cela ne suffisait pas à l'ambitieuse Mexicaine. Elle cherchait désespérément le moyen de se sortir de cette spirale sans issue.

Le 21 octobre 1983, à l'âge de dix-neuf ans, elle avait épousé un homme de onze ans son aîné, Miguel Angel Zacarias, à Brownsville. Quatre ans plus tard, son mariage était parti à la dérive et elle avait divorcé en 1988.

Sara était alors revenue vivre chez ses parents, à Matamoros. Très vite, cela posa des problèmes. Ayant été autonome pendant presque cinq ans, elle n'entendait pas se plier à la férule de son père et rentrer dans le rang comme une enfant sage qui n'aurait jamais quitté la maison. Quant à Israel, il pouvait difficilement dans le contexte machiste de la civilisation mexicaine, accepter d'avoir sous son toit une fille qui entrait et sortait à toute heure. Bien que divorcée, Sara n'avait pas le statut de femme libre, et n'étant plus vierge, il lui serait difficile de trouver un mari au Mexique. Israel construisit donc un appartement indépendant sur le toit du garage de la petite maison qu'il habitait dans le quartier commerçant de Matamoros. L'appartement donnait sur Santo Degollado (la rue du saint décapité !) et Sara pourrait entrer et sortir quand elle le voudrait sans déranger sa famille, sans avoir à rendre de comptes. Il lui était possible de recevoir qui elle désirait, hommes ou femmes, sans encourir l'opprobre. C'est là qu'elle vivait quand elle rencontra Little Serafin.

Les deux jeunes gens devinrent amis. Little Serafin n'était par un étranger pour Sara. Avant son mariage, elle était sortie avec son oncle, Elio Hernandez, qui n'avait que deux ans de plus que lui. Par l'intermédiaire de Little Serafin, elle retrouva son ancien amoureux. Elio était marié à présent, mais il aurait volontiers renoué avec Sara qui était devenue une belle femme. L'étudiante n'en avait pas envie, mais elle continua de fréquenter les Hernandez, peut-être attirée par l'atmosphère de danger et de violence contenue qui entourait cette famille.

A cette époque, la famille Hernandez semblait bien partie pour devenir une des bandes les mieux organisées et les plus sûres opérant à la frontière américo-mexicaine. Elle avait profité de divers facteurs : la mort d'El Cacho, le renforcement de la lutte des USA contre l'importation de drogue via les Caraïbes, qui avait eu pour effet de développer la filière mexicaine, et la protection de politiciens locaux.

Là-dessus survint Thomas Morlet.

Après 22 ans de service, Thomas Morlet était arrivé au plus haut niveau de la police mexicaine. Il travaillait à la Direction de la Sécurité Fédérale. En clair, cela signifiait qu'il appartenait à l'une des bandes de trafiquants de drogue les plus importantes du Mexique. Il était connu des services des Narcotiques américains qui lui gardaient rancune pour avoir participé au meurtre de deux agents américains.

Thomas Morlet avait alors dû quitter ses fonctions, mais après une détention de pure forme, il fut remis en liberté. Il ne pouvait plus « travailler » à Mexico, et on l'envoya étudier la situation dans les villes de la frontière. Les *federales* avaient commencé à s'intéresser aux trafics qui y pullulaient, et décidé qu'il était temps que tout cet argent tombe dans leurs poches. Morlet devait nouer des liens sur place, identifier les familles et les gangs qui comptaient vraiment dans la pègre locale, éventuellement nouer quelques alliances, afin de mieux les absorber quand le moment serait venu.

C'est là que les *federales* se heurtèrent aux Colombiens. Ces derniers avaient eux aussi pensé qu'il était temps d'étendre leur empire et d'enlever le territoire aux paysans mexicains. Avec les Colombiens, c'était tout un pan du trafic qui basculait. L'héroïne arrivait en force, et la violence s'accrût davantage. Les premières victimes furent les immigrés clandestins à qui l'on continuait de faire traverser la frontière de nuit. Bien heureux ceux qui parvenaient de l'autre côté en s'étant seulement fait détrousser de leurs quelques biens. Souvent ils étaient frappés, violés, abattus... Un lourd prix à payer pour gagner le droit d'aller mendier aux USA.

Dans ce contexte, il est aisé de comprendre que l'arrivée de Morlet à Matamoros ne déchaîna pas l'enthousiasme. Un soir de janvier 1987, alors qu'il sortait du *Piedras Negras*, un bar de Matamoros, il se trouva face à un homme armé d'un pistolet-mitrailleur. Ce genre d'arme n'est pas destiné à un travail propre. Le meurtrier arrosa Morlet et l'homme qui se trouvait avec lui.

Cet homme était Saul Hernandez, qui mourut d'avoir de mauvaises fréquentations.

La disparition de celui qui avait monté toute l'organisation, celui autour duquel toute la famille s'était regroupée pour se livrer à ses trafics, sema le trouble dans le gang Hernandez.

Comme souvent en matière de succession, le frère aîné estima que la direction des opérations lui revenait de droit. Serafin Hernandez Rivera était âgé de quarante-cinq ans, et depuis son fief de Brownsville, il fit savoir qu'il assurerait la relève.

C'était compter sans l'ambition de son frère Elio. Elio n'avait que vingt-deux ans, pratiquement le même âge que le fils de Serafin

Hernandez Rivera, Little Serafin. Mais il avait décidé qu'il était le plus qualifié pour diriger la bande.

La famille se divisa. Des clans apparurent. Tout le monde appréciait Serafin Hernandez Rivera, mais on le trouvait un peu mou. Depuis le temps qu'il vivait aux États-Unis, il avait pris des habitudes de « gringo ». Elio, quant à lui, avait la cruauté et l'absence de pitié qui avaient caractérisé Saul. Il savait prendre des décisions et n'hésitait pas devant les moyens pour parvenir à ce qu'il voulait. La mort de Saul était un avertissement : ils ne vivaient pas dans un monde protégé. C'était tuer ou être tué. Pour cette famille mexicaine condamnée à la violence si elle voulait survivre, il paraissait le meilleur choix.

Ce qui fit sans doute le plus de mal à Serafin Hernandez Rivera fut de voir que son propre fils, Little Serafin, se rangeait aux côtés de son oncle Elio dans sa conquête du pouvoir. Le jeune homme, déraciné, vivant dans un pays qui n'était pas le sien et où il n'avait pas d'avenir, dut comprendre que Mexicain il était, et Mexicain il resterait. Son choix se porta donc sur la branche la plus mexicaine de la famille, et vers son oncle.

Le troisième frère, Ovidio, ballotté par les événements, choisit finalement de se mettre également à la disposition d'Elio.

Rivera restait donc pratiquement seul.

Décidé à emporter la décision et à convaincre les derniers hésitants, Elio n'hésita pas à mettre en doute l'honnêteté de son frère et l'accusa d'être un informateur en rappelant une histoire survenue peu auparavant : Serafin Hernandez Rivera s'était fait ramasser par la police au bord d'une autoroute où il attendait une livraison de drogue avec un cousin. Une fuite parmi les services de la police locale avait permis à l'avion qui devait livrer la drogue d'échapper au FBI. Les deux hommes n'étaient pas armés, mais on trouva en leur possession une carte de la région sur laquelle était indiqué l'endroit où devait se poser l'avion. Faute de pièces à conviction, on ne put accuser Serafin Hernandez de trafic de drogue. Il séjourna quelque temps en prison avant d'être relaxé et l'affaire en resta là.

Le moment venu, Elio joua donc sur cette histoire pour semer le doute dans le gang : si son frère avait été relâché, n'était-ce pas parce qu'il avait livré des informations sur les activités de la bande ? Pouvait-on encore lui faire confiance ? Ne valait-il pas mieux confier la direction des opérations à quelqu'un qui n'avait jamais eu affaire à la police ?

L'argument fut décisif. La famille pencha vers Elio.

La paix n'était pas signée pour autant entre les deux branches de la famille, mais elles continuaient néanmoins de commercer ensemble. Elles avaient besoin l'une de l'autre. La disparition de Saul avait causé la rupture de nombreux contacts. Saul avait su garder par devers lui les connexions nécessaires au trafic, peut-être dans le souci de se protéger des ambitions de ses frères. Tant qu'il demeurait le point de passage obligé, il était certain qu'on ne l'abattrait pas pour prendre sa place.

Très rapidement cependant, Elio s'aperçut qu'il était incapable d'assurer la succession. Il ne suffisait pas de se proclamer chef de bande pour que toutes les pièces s'emboîtent et que la mécanique se remette en route. Il était jeune. Pas très intelligent. Il manquait d'expérience. Sa sauvagerie inquiétait ses contacts potentiels, et Serafin traînait toujours les pieds quand il s'agissait d'obéir à son frère cadet.

Elio ne savait que faire : de toutes parts les concurrents arrivaient sur leur territoire pour essayer de s'en emparer. Il avait perdu les contacts de Saul et les quelques trafiquants qu'il connaissait refusaient de travailler avec lui tant que leurs histoires de famille ne seraient pas arrangées. Les affaires périclitaient, et si l'ascension de la famille Hernandez avait été rapide, sa chute pouvait être fulgurante. Si l'argent ne rentrait plus, ils ne pourraient plus payer leurs tueurs, ils ne pourraient plus acheter la bienveillance des policiers. Il suffirait alors, pour que leur empire s'effondre, de quelques gangsters entreprenants, appuyés par les capitaux des Colombiens ou la puissance des *federales*.

Elio devait faire quelque chose. Il devait demander conseil à quelqu'un.

DEUXIÈME PARTIE

CHAPITRE VIII

La bouche pâteuse et la tête lourde, Bill Huddleston, Bradley Moore et Brent Martin se retrouvent devant un petit déjeuner copieux qu'aucun des trois ne semble pressé d'engloutir. Ils déjeunent sans entrain, échangeant des idées et tentant de se réconforter : peut-être Mark a-t-il finalement retrouvé cette fille ? Peut-être est-il en train de dormir benoîtement dans une chambre voisine auprès d'une superbe blonde ? Ou bien est-il resté à Matamoros avec quelque Mexicaine ? Non, ça ne lui ressemble pas. L'hypothèse de Miss Bronzage les séduit plus. Mais ils l'ont vu lui dire au revoir avant de quitter Matamoros. Il est peu probable qu'il l'ait rejointe quelques minutes plus tard.

Ils tentent désespérément de se raccrocher aux moindres espoirs mais finissent par reconnaître qu'ils ne reposent sur rien. Ils doivent accepter la vérité : Mark a disparu.

Les trois étudiants appellent ses parents, James et Helen Kilroy.

Ceux-ci sont horrifiés par la nouvelle. Ils connaissent bien leur fils. C'est un garçon sérieux, travailleur, qui ne se drogue pas et n'a qu'une ambition : réussir ses études pour devenir médecin et aider son prochain. Ils n'ont pas le moindre doute que s'il n'a pas donné signe de vie depuis la veille, c'est qu'il lui est arrivé quelque chose.

La police de Brownsville est aussitôt alertée, de même que le consulat américain à Matamoros. On ne prête guère attention à la nouvelle. Les jeunes Américains qui viennent passer quelques jours à Matamoros sont légion, et tous bâtis sur le même modèle : des étudiants qui veulent faire la fête et oublier la pression de l'université. Pendant tout leur séjour ils ne font que boire, voire se droguer, draguer les filles ou donner libre cours à leurs penchants homosexuels dans des endroits où on ne risque pas de les reconnaître. Cela se termine souvent en bagarres et certains passent le reste de leur séjour dans les geôles puantes de la ville.

Mark ne correspond pas à ce portrait.

Il a vingt et un ans, et étudie la médecine à Austin. Son voyage était prévu de longue date et venait à point pour le soulager de six mois d'études intensives. Il avait fait la connaissance de ses trois compagnons de route à Santa Fe, au collège. Il pratiquait le basket avec Bradley Moore et Brent Martin, le baseball avec Bill Huddleston. Après le collège, leurs routes s'étaient séparées. Tandis que Mark entamait des études de médecine, Bill partait à l'université de Galveston. Bradley étudiait pour devenir ingénieur électricien et Brent entrait au collège d'Alvin. Malgré cela, ils avaient gardé le contact. Les vacances de Pâques seraient l'occasion pour eux de se retrouver et de faire le point sur leur vie depuis qu'ils ne s'étaient pas vus.

Ils étaient adultes à présent, et plutôt que passer leurs vacances en ville comme ils l'avaient fait depuis des années, ils avaient décidé de faire comme tout le monde, et de partir quelques jours dans le Sud. La mer, les jolies filles, la bière à profusion, voilà qui correspondait mieux à des vacances de jeunes gens prêts à affronter la vie.

Leur choix s'était porté sur South Padre Island, à la limite sud du Texas, avec ses longues plages, ses rangées de dunes, son soleil... L'endroit est devenu le point de chute de toute la jeunesse du Texas et, chaque année, ce sont des dizaines de milliers d'étudiants qui arrivent dans les petites villes côtières, prêts à dépenser sans compter l'argent qu'ils ont pu économiser au cours des mois précédents. A tel point que l'économie de ces petites villes a été totalement bouleversée, et repose à présent principalement sur le tourisme, et sur ces quelques semaines entre lesquelles elles redeviennent des bourgades sans âme et pratiquement désertes.

Dans une ambiance de fête foraine, les jeunes étudiants désireux de s'éloigner un peu de leur vie quotidienne peuvent admirer les jolies filles qui participent aux concours permanents de Miss Bronzage (la nudité est interdite, mais il s'en trouve toujours une pour perdre un morceau de maillot, et la police sait se montrer compréhensive), s'entraîner sur des simulateurs de planche de surf, voir des films et assister à des concerts, téléphoner gratuitement chez eux... Tout cela sponsorisé par diverses marques de bière qui voient là l'occasion d'ancrer dans l'esprit de la jeunesse le nom de leur marque en espérant que cette impression y restera gravée pour les années à venir.

Sitôt ses cours terminés, Bradley avait donc sauté dans sa Ford Mustang pour aller chercher Mark. Après quoi les deux amis avaient mis le cap sur Santa Fe pour retrouver les deux derniers membres de leur expédition.

L'un ou l'autre se marierait peut-être l'an prochain, l'un ou l'autre serait pris pour les prochaines vacances... C'était la dernière fois qu'ils pouvaient profiter de la complicité qui les avait unis au cours des années passées.

Après s'être arrêtés quelques heures à Santa Fe où Mark revit avec plaisir ses parents et son frère, ils s'entassèrent dans la Cutlass de Brent, plus spacieuse que la Mustang, et mirent le cap sur South Padre Island.

La route de nuit fut longue, et difficile. La vitesse est sévèrement limitée aux USA, et un épais brouillard les ralentissait. Il leur fallut près de neuf heures pour arriver à leur destination, le *Sheraton Hotel*. Comme chaque année à la même époque, la direction du *Sheraton* avait pris ses précautions avant l'arrivée des hordes d'étudiants. On sauvait les meubles. On avait rangé tout ce qui pouvait casser, tout ce qui pouvait servir de projectile. L'hôtel prenait un peu des allures de caserne, avec ses grandes salles presque nues, mais les étudiants ne s'en souciaient pas : ils ne comptaient pas y passer plus de temps que nécessaire. Ils viendraient là pour dormir, mais c'était à l'extérieur qu'ils iraient s'amuser.

Dans un premier temps, ils montèrent dans leurs chambres pour se doucher et ouvrir leurs bagages. Puis ils se retrouvèrent à la salle à manger où ils engloutirent un petit déjeuner. Après quoi ils sortirent reconnaître les lieux et repérer les filles intéressantes.

Ils se retrouvèrent au paradis des étudiants. Des panneaux publicitaires annonçaient toutes sortes d'événements gratuits : projections de films, concerts... Mais ce qui intéressait le plus les quatre amis, c'était les concours de Miss qui se déroulaient dans tous les coins de la ville.

Les quatre jeunes gens n'eurent aucune peine à lier connaissance avec des étudiantes venues s'amuser, comme eux. Ils passèrent la soirée avec des filles de l'université de Purdue, Indiana, qui logeaient dans une des chambres voisines des leurs.

Le lendemain et le surlendemain, leur emploi du temps ne varia guère : petit déjeuner copieux, puis descente à la plage pour repérer les filles et se faire bronzer, après quoi venait l'heure des compétitions où ils se pressaient au bord de l'estrade pour siffler avec les autres les filles les plus provocantes et voter pour celle qui leur plaisait le plus. En fin d'après-midi ils regagnaient l'hôtel où une sieste leur permettait d'être frais et dispos pour sortir le soir après dîner.

Tout se serait bien passé s'ils s'étaient contentés de suivre ce programme durant tout leur séjour. Mais South Padre, malgré son air de fête et ses attractions gratuites, avait tout de même un défaut : c'était une ville du Texas. Les étudiants les plus jeunes n'avaient pas le droit d'y boire de la bière, et les filles ne pouvaient y dévoiler plus d'un sein ou un morceau de fesse sans risquer les foudres de la loi.

Alors qu'à quelques kilomètres de là se trouvait une ville dont le mystère prenait des allures de fruit défendu. Matamoros.

Située en bordure du Rio Grande, elle avait connu son heure de gloire du temps de la guerre du Mexique. En temps normal, elle comptait près de deux cent mille habitants. Mais en période estivale et lors des vacances scolaires, sa population se trouvait multipliée par trois ou quatre. La moyenne d'âge baissait également. Certains des étudiants venaient là pour profiter du laxisme mexicain et goûter aux plaisirs interdits : alcool, sexe, drogue...

Avec le temps, Matamoros était devenue une cité vivant principalement du tourisme. Sa proximité avec la frontière américaine drainait à elle tous ceux qui désiraient s'amuser en dépassant un peu les limites. Là on trouvait des filles faciles. Là, personne ne demandait votre carte d'identité avant de vous servir une bière, qui d'ailleurs coûtait moins cher qu'aux USA. Là, on côtoyait dans les bars des hommes à la mine patibulaire, et on pouvait se demander s'ils avaient tué quelqu'un récemment ou s'apprêtaient à le faire.

En un mot, Matamoros était une « ville frontière » égarée au xxe siècle. Elle avait tout le charme du mal, et elle faisait le même effet sur ces étudiants sages et bien élevés qu'un phare sur une phalène.

Ils prirent donc la route pour Brownsville, d'où ils traverseraient à pied le pont sur le Rio Grande menant à Matamoros. Ils dînèrent en route, au *Drive-In Sonic* de Port Isabel où ils lièrent connaissance avec un groupe d'étudiantes du Kansas, qui descendaient également à la frontière.

Une fois arrivés à Brownsville, ils parquèrent leurs deux voitures près du pont. Chacun se défit de ses bijoux et objets précieux qu'il abandonna dans la boîte à gants. On arrivait en territoire dangereux. Inutile d'exciter la convoitise des gibiers de potence qui parcouraient les rues de la ville mexicaine, en faisant briller sous leurs yeux des montres, des bracelets ou des colliers coûteux.

Matamoros se révéla moins terrible que les étudiants ne l'avaient anticipé. Aucun problème ne survint ce soir-là. La police était omniprésente. Le Mexique avait besoin de dollars, et on faisait en sorte que les étudiants américains venus se distraire puissent le faire en sécurité[1]. Certes, il valait mieux ne pas s'éloigner des artères les plus fréquentées et éviter les ruelles obscures, mais si on s'en tenait à certaines règles de prudence, on pouvait passer un bon moment dans une relative sécurité.

Après être demeurées une partie de la soirée avec les quatre garçons dans un bar nommé *Sergent Pepper's*, les filles du Kansas partirent de leur côté. Les quatre amis quittèrent le bar peu après pour aller se promener sur l'avenue principale de Matamoros, l'Avenida Alvaro Obregon, où se retrouvaient la plupart des touristes. De là, ils visitèrent quelques autres tavernes. Ils voulaient de la couleur locale, et ils en avaient. Ces tavernes n'étaient que des entrepôts sans fenêtres où l'on pénétrait par une porte pleine. L'intérieur était bondé et il fallait déployer des efforts d'agilité et de souplesse pour rapporter ses bières sans les renverser sur quelqu'un — ce qui était le signe d'une bagarre assurée —, jusqu'à la table que bien souvent on partageait avec des inconnus.

Après cette plongée dans ce qui devait leur paraître un lieu très pittoresque, le retour à South Padre Island, avec ses concours très sages de Miss Bronzage et ses policiers déambulant d'une démarche bon enfant, leur parut un peu décevant.

Le lendemain, ils prirent leur routine : petit

1. Ce qui n'avait pas empêché un étudiant d'être passé à tabac la semaine précédente par une bande qui voulait le voler, et une étudiante de subir un viol collectif à peu de distance du pont marquant la frontière.

déjeuner, concours de Miss... Mark lia connaissance avec une des lauréates, qui venait de l'Université du Sud-Ouest du Texas. Plus tard dans la soirée, il amena ses trois compagnons dans une soirée organisée par des camarades de la faculté de Tarletan. Mais après l'expérience de la veille, la soirée d'étudiants sages leur parut sans grand éclat et vers 23 heures, ils décidèrent qu'ils s'amuseraient mieux à Matamoros.

Une nouvelle fois, ils rangèrent la voiture du côté américain de la frontière et traversèrent à pied le pont reliant les deux villes.

L'atmosphère avait bien changé depuis la veille. Le gros des étudiants était arrivé, et il était difficile de faire un pas dans les rues, plus encore de pénétrer dans les bars. Il fallait parfois crier pour se faire entendre, tant la musique qui déferlait par les portes ouvertes était bruyante. Se mêlaient allègrement rock-and-roll, pop, country, et chansons mexicaines pour la couleur locale.

Découragés par les files d'étudiants attendant leur tour d'être servis parfois sur plus de dix mètres à la porte des établissements, les quatre jeunes gens se rabattirent sur un bar de seconde zone, *Los Sombreros*.

Quelques bières plus tard, ils gagnèrent la zone des boîtes de nuit. Là, ils descendirent dans un night-club appelé le *Hardrock Café*. L'endroit se nommait quelques jours plus tôt le *London Pub*, mais il avait été rebaptisé pour attirer la clientèle des jeunes Américains.

Peut-être était-ce l'effet des bières ingurgitées au cours de la soirée, auxquelles venait s'ajouter l'ambiance de fête dans laquelle il était plongé depuis quelques jours, mais Mark, d'ordinaire timide, parvint à lier connaissance avec quelques filles et abandonna bientôt ses amis pour les suivre.

Les trois autres restèrent au bar, en essayant d'éviter les bouteilles de bière vides que des étudiants éméchés faisaient pleuvoir du haut du balcon sur la foule rassemblée sous eux.

Vers 2 heures du matin, Bill Huddleston estima en avoir assez. Il proposa de rentrer, et ses amis qui, malgré leurs efforts ne parvenaient pas à « emballer » la moindre étudiante, concédèrent qu'il avait raison. Le trio, en sortant, vit Mark assis sur les marches de bois devant le night-club. Mark avait retrouvé la Miss Bronzage avec laquelle il avait lié connaissance un peu plus tôt, et discutait avec elle de son avenir, de ses projets, des études de médecine qu'il espérait mener à bien pour essayer de secourir les malheureux qui souffraient autour de lui.

Il aurait bien poursuivi la conversation pendant quelques heures, mais il était fatigué. La bière commençait à lui peser. S'il laissait partir ses amis, il lui faudrait regagner l'hôtel par ses propres moyens. Faire du stop en pleine nuit ne le tentait guère. La jeune fille avec qui il discutait était venue avec des amies, et leur voiture était pleine. Aucun espoir de ce côté. Il prit donc congé, se leva et suivit le trio en direction du pont au-delà duquel se trouvait la Cutlass qui les ramènerait au *Sheraton*.

La foule était dense sur l'avenue principale, et le groupe se trouva bientôt séparé. Brent et Bradley marchaient de concert, à une dizaine de mètres en avant, tandis que Mark et Bill les suivaient en essayant de ne pas se perdre. Mark s'arrêta pour échanger quelques phrases avec une des filles rencontrées un peu plus tôt et Bill le rejoignit. Quand ils quittèrent l'étudiante, Mark fit remarquer à son ami qu'il avait une sale tête. L'autre mit cela sur le compte de la fatigue et de la boisson. Ce qui lui rappela que la bière absorbée commençait à produire son effet. Il demanda à Mark de l'attendre un instant, le temps de se soulager contre un mur. Bill s'engagea dans une ruelle obscure, tandis que Mark patientait à quelques mètres de là.

L'étudiant déboutonnait sa braguette quand il entendit parler derrière lui. Il se retourna. Mark discutait avec un jeune Mexicain qu'il ne parvint pas à bien voir. Derrière eux se trouvait un petit camion rouge ou brun, difficile à dire dans l'obscurité. Puis Bill revint à ses affaires...

Quand il eut terminé, Mark n'était plus là.

CHAPITRE IX

Constanzo avait établi son quartier général à Mexico, mais effectuait de fréquents voyages à Matamoros où Salvador Vidal Garcia, le *federal* corrompu, venait d'être muté. Constanzo avait immédiatement compris le potentiel qu'offrait la ville frontière et il avait chargé Vidal de lui dénicher un gang dans lequel il pourrait s'infiltrer avant d'en prendre la tête. Le policier l'avait mis au courant de l'existence de la famille Hernandez et des problèmes qu'elle rencontrait. Elle correspondait exactement à ce qu'il cherchait.

Ce fut au cours d'un de ces voyages, lors de l'été 1987, qu'il fit la connaissance de Sara Maria Aldrete Villarreal.

Avec son mètre quatre-vingts, l'étudiante était grande pour une Mexicaine. Son corps élancé lui donnait des allures de princesse aztèque qui faisait qu'on se retournait sur elle quand elle se trouvait parmi les femmes de *peones* qu'elle dépassait de la tête et des épaules.

Ce jour-là, elle conduisait la voiture de son père dans l'Avenida Alvaro Obregon.

Constanzo se trouvait dans sa Lincoln neuve. Il ne conduisait pas. Son amant favori, Martin Quintana, était au volant. La Lincoln bloqua la voiture de Sara et il se présenta. Il prétendait être un avocat arrivant de Miami et lui offrit de prendre un verre avec lui.

La jeune Mexicaine n'était pas farouche. Elle fut immédiatement séduite par la prestance de Constanzo, et fascinée lorsqu'il lui dit être un *curandero*.

Au cours des semaines qui suivirent, Constanzo lui fit une cour empressée, dévoilant peu à peu sa véritable personnalité. S'étant fait passer tout d'abord pour un avocat de Miami en vacances, puis pour le dirigeant d'une maison de confection, il lui fit croire ensuite qu'il était un policier en civil (pour la faire rompre avec son ami du moment qu'il accusa d'être un *dealer*). Il lui annonça avoir le pouvoir de lire l'avenir, et lui offrit de lui prédire le sien. Sara fut étonnée par la justesse de ce que les cartes dévoilaient d'elle. L'homme qui lui faisait face évoquait des aspects de sa vie, lui parlait de sa famille, de son passé, de son ex-mari..., autant d'informations glanées par le policier qui avait précédé Constanzo à Matamoros. Sara ne comprenait pas, mais elle était convaincue : elle avait devant elle un homme aux dons authentiques, un sorcier, une créature dotée de pouvoirs magiques. Il ne parla pas de Palo Mayombe, se contenta d'évoquer la Santeria chrétienne.

Il lui fit trois prédictions, dont les deux premières se réalisèrent très rapidement. Curieusement, pour celles-ci, Constanzo n'avait pas triché : il lui avait annoncé que l'université lui enverrait de l'argent — elle reçut une bourse qu'elle n'avait pas sollicitée —, et qu'un ami perdu de vue depuis longtemps reprendrait contact avec elle, ce qui se réalisa.

La troisième prédiction disait qu'un ami ayant des ennuis viendrait la trouver.

Il s'agissait d'Elio Hernandez. Ce que Sara ignorait, c'est qu'Adolfo ne l'avait abordée que dans ce but : Salvador Vidal Garcia s'était renseigné sur la famille Hernandez et avait appris qu'Elio était toujours amoureux de la belle Mexicaine. Par elle, Constanzo espérait avoir accès à la famille Hernandez et à son réseau.

La jeune Mexicaine reconnut en Constanzo ce qu'elle recherchait à l'université sans le trouver : le moyen d'échapper à la médiocrité de la vie qui l'attendait. Constanzo lui offrait une autre voie. Elle deviendrait sa grande prêtresse[1].

Bientôt cependant, peut-être pour éviter qu'elle l'apprenne par ailleurs et ne le quitte, Constanzo avoua à Sara qu'elle n'était pas seule dans sa vie.

« — Il me dit, raconta Sara, que j'étais très gentille avec lui et qu'il ne voulait pas me faire

1. Sara était la troisième à parvenir à ce rang. Deux femmes au moins l'y avaient précédée à Mexico. Elles ont toutes deux disparu : ont-elles été sacrifiées ou bien sont-elles allées fonder des chapelles rattachées au culte fondé par Constanzo ainsi qu'on le prétendit ?

de mal et préférait me dire la vérité. Il me dit qu'il était lié à deux personnes à Mexico. Lié comment ? lui ai-je demandé. Comme si tu étais marié ? Non, non, je ne suis pas marié. Oh, bon, j'ai dit. Alors quel est le problème ? Il a dit, eh bien, ce sont des hommes. »

Constanzo avait bien jugé Sara. Cela ne la rebuta pas. Leur liaison s'interrompit, mais elle demeura son amie et, surtout, elle continua de l'assister dans ce qui commençait à prendre les allures d'une véritable secte.

A l'université, Sara était devenue la maîtresse de Little Serafin. Le jeune truand avait confiance en elle et lui faisait des confidences. Tout le monde savait que la famille Hernandez était impliquée dans le trafic de drogue, il n'avait donc pas grand-chose à cacher. Il lui racontait les problèmes rencontrés récemment, lui parlait des affrontements entre clans rivaux au sein de la famille, évoquait les tensions entre les frères... Sara écoutait. Et elle répétait ce qu'elle entendait à Constanzo.

Comme son neveu, Elio fit des confidences à la belle Mexicaine. Peu à peu, avec une patience d'araignée tissant sa toile, Sara l'amena à admettre qu'il ne pouvait se sortir seul de la situation dans laquelle il était empêtré. Il lui fallait quelqu'un possédant des contacts à Mexico, ce qu'il n'avait pas. Quelqu'un ayant la confiance de trafiquants influents, ce qui lui manquait. Quelqu'un, enfin, qui soit capable de protéger sa famille contre les mauvais esprits. Lorsqu'il fut à point, Sara lui parla de Constanzo.

Peu avant Noël, Elio partit pour Mexico.

La technique de Constanzo était déjà bien au point. Il pratiquait ses cérémonies pour les plus grosses fortunes du pays, recevait chaque semaine les vedettes de cinéma, les chanteurs, les hommes politiques, les hauts fonctionnaires — dont certains policiers — comme les trafiquants de drogue. Quand le paysan mal dégrossi qu'était Elio débarqua dans son antre, il n'eut aucune peine à le convaincre de sa puissance.

Elio arriva à la villa de Constanzo, dans le quartier résidentiel de Atizapan, à une vingtaine de kilomètres du centre de Mexico. Entourée de hauts murs, elle ressemblait à un fortin : des caméras vidéo en surveillaient les abords, et des projecteurs contrôlés par des radars s'allumaient la nuit dès qu'une voiture approchait. Dans le jardin, Elio remarqua une série de cibles constellées d'impacts de balles. Il fut présenté à Constanzo qui l'attendait, au milieu de son immense salon dallé de noir et blanc. Les meubles étaient blancs, et le *brujo* vêtu d'une ample tunique de cérémonie. Le gangster dut être impressionné, lui qui avait passé son enfance dans une maison de la classe moyenne. Le luxe apporté par le commerce de la drogue auquel la famille Hernandez s'était habituée ces dernières années n'était qu'un fin vernis sur un matériau resté brut. Les Hernandez étaient des parvenus de la drogue, et cela se sentait dans leur comportement, dans leur mode de vie.

Constanzo, quant à lui, paraissait à l'aise

dans l'opulence, comme s'il l'avait toujours connue, comme s'il la tenait pour acquise et lui revenant de droit. Il conduisit le trafiquant devant un mur de miroir où un panneau coulissa pour dévoiler un autel.

Dans un premier temps, il se contenta de le « purifier » et de le « protéger » grâce à quelques passes magiques savamment amenées.

Elio apprécia, et nota une amélioration sensible de la situation de la famille. Salvador Vidal y veillait. La police ne s'occupant plus de leurs affaires, le gang ne pouvait que prospérer. Serafin, qui avait également eu droit à la cérémonie, vit quant à lui ses notes grimper. Aucun doute : la magie du *brujo* fonctionnait.

Mais il restait certaines choses contre lesquelles cette magie était insuffisante : Elio n'avait toujours pas les contacts nécessaires pour développer son affaire.

A Pâques 1988, une étape décisive fut franchie. Contre l'abandon de la moitié des gains de la famille, Constanzo apporterait sa protection, et surtout ses contacts.

Le sorcier prenait en main la direction des opérations dans la famille Hernandez. Il se chargeait de la protection occulte des intérêts du gang, et de payer les pots-de-vin aux fonctionnaires qui risquaient de gêner son développement. Accessoirement, il pouvait aussi fournir de la drogue, qu'il se procurait directement auprès des *federales*, par l'entremise de Salvador Vidal.

CHAPITRE X

James et Helen Kilroy avaient été bouleversés par l'annonce de la disparition de Mark, mais ils avaient refusé d'envisager le pire. Ils voulaient croire qu'on le retrouverait. Le jeune homme pouvait avoir eu des problèmes avec la police locale. Il pouvait être en train de croupir dans une geôle mexicaine, attendant en vain qu'on le laisse téléphoner. Il pouvait avoir eu un accident et se trouver dans un hôpital, couvert de bandelettes et abruti de sédatifs, incapable de se souvenir de son nom...

Leurs espoirs commencèrent à s'effriter le 16 mars. A ce moment-là, le consulat US à Matamoros avait fait circuler la photo de leur fils dans les commissariats et les hôpitaux. Personne ne l'avait vu. Et si Mark avait été retenu par la police, il aurait déjà dû refaire surface.

Au téléphone, la police locale ne leur semblait guère efficace : James et Helen avaient l'impression que l'enquête piétinait et qu'elle n'avancerait plus. On leur disait déjà qu'il fallait patienter, qu'on finirait par le retrouver... Bientôt on leur dirait que le dossier était toujours ouvert mais que la police avait autre chose à faire que rechercher un étudiant disparu. Ce que les Kilroy ignoraient, c'était que depuis le 1er janvier 1989, soixante personnes avaient été portées disparues dans Matamoros et ses environs. Une de plus n'avait rien pour émouvoir les policiers mexicains.

James décida de prendre les choses en main. Avec un ami, il descendit à Matamoros pour distribuer des avis de recherche comportant la photo de Mark.

A son arrivée à Brownsville, il contacta un officier des douanes américaines, Oran Neck, qui lui avait été recommandé par son frère Ken Kilroy et qui était responsable du bureau local des douanes. Agé de quarante-cinq ans, Oran Neck était originaire de la région, dont il connaissait bien les coutumes et la vie secrète. Corpulent, le visage barré d'une grosse moustache sous des lunettes cerclées d'acier, le cheveu se faisant rare, Oran Neck offrait l'image d'un policier compétent et efficace. Il allait se révéler un soutien précieux, et l'un des personnages clés de l'enquête.

Neck attendait James Kilroy dont le frère Ken travaillait pour les douanes à Los Angeles. Les deux hommes se connaissaient. Ce coup de chance est sans doute pour beaucoup dans l'aide que les Kilroy reçurent d'Oran Neck. Là résidait également l'une des craintes des deux officiers des douanes : du fait de sa parenté avec Ken Kilroy, Mark pouvait avoir été enlevé par les *federales* à titre de représailles. Au téléphone, Neck et Ken Kilroy avaient décidé qu'une des premières choses à faire était de contacter le shérif du comté de Cameron, Gavito. Oran Neck disposait d'une cinquantaine d'hommes, mais il n'avait pas compétence pour ce genre d'enquête : son travail habituel se limitait plutôt aux trafics en tous genres : drogues, armes, immigrés clandestins...

Gavito avait déjà reçu un rapport sur la disparition de l'étudiant, provenant de la police de South Padre. Mais lui non plus n'avait pas officiellement à intervenir dans cette affaire : la disparition s'était produite en territoire mexicain, et donc hors de sa juridiction. Les deux hommes décidèrent néanmoins de joindre leurs efforts et de travailler sur ce cas à titre personnel.

Pendant ce temps, Helen restait chez elle, où elle se relayait près du téléphone avec Gwen Huddleston, la mère de Bill Huddleston qui avait accompagné Mark lors de sa virée à Matamoros. Pour aider Helen, Gwen avait confié la gestion de son club de gymnastique à une amie.

Les deux femmes entreprirent une campagne de sensibilisation. Elles avaient compris que le seul moyen de retrouver Mark était de secouer les fonctionnaires chargés de l'enquête. Et pour cela, une seule solution : il fallait faire le maximum de bruit autour de l'affaire. Les journaux et les chaînes de télévision contactés ne se firent pas prier pour venir rencontrer Helen : la disparition d'un jeune Américain dans un quartier chaud d'une ville frontière mexicaine donnait matière à de la copie intéressante, et à une augmentation des tirages ou de l'indice d'écoute.

Cela ne faisait pas l'affaire des Mexicains qui déclarèrent avoir retrouvé la trace de l'étudiant : selon eux, il avait retraversé le pont, et c'était à Brownsville, du côté américain donc, qu'il fallait le chercher.

La famille de Mark ne se contenta pas de cette réponse qui était en contradiction avec le témoignage de Bill Huddleston. Oran Neck n'était pas dupe non plus. Il savait qu'une histoire comme celle-ci pouvait signifier la mort de Matamoros. Si le jeune homme n'était pas retrouvé rapidement, le tourisme risquait de recevoir un coup fatal. Plus personne n'oserait descendre dans la ville mexicaine. Sur ses conseils, les Kilroy intensifièrent leur campagne de presse.

« — Nous voulions que cette enquête soit portée devant le public, déclara-t-il par la suite. Il arrive que l'on cherche à étouffer ce genre d'affaire. Nous voulions éviter cela. »

Oran Neck alla jusqu'à accompagner deux journalistes du *Brownsville Herald* à Matamoros. Accompagnés des trois autres étudiants, ils suivirent le chemin parcouru par Mark juste avant sa disparition. L'histoire fit la une du journal.

Les policiers américains ne négligeaient

aucune piste. On retrouva la Miss Bronzage à qui Mark avait parlé peu avant de disparaître, mais celle-ci n'avait aucune idée de ce qui avait pu lui arriver ensuite. On interrogea les filles qu'il avait suivies le même soir, sans plus de résultat... On alla même jusqu'à hypnotiser Bill Huddleston pour obtenir la description du Mexicain avec qui Mark avait parlé juste avant de disparaître. Bill se souvint d'une cicatrice en forme d'étoile sur la joue de l'inconnu et l'on parcourut avidement les photos des repris de justice, sans résultat. Cela ne servit qu'à créer de fausses pistes. Cet inconnu, qui ne fut jamais identifié, n'avait rien à voir avec la disparition de l'étudiant.

Le 18 mars, le lieutenant Gavito participa à des fouilles des rives du Rio Grande en jeeps et en hélicoptères, destinées à retrouver un éventuel cadavre. En pure perte.

De leur domicile à Santa Fe, Helen Kilroy et Gwen Huddleston multipliaient les interviews et les déclarations.

Les jours passaient, puis les semaines... James Kilroy ne cessait de faire l'aller-retour entre Santa Fe et Matamoros. Sans nouvelles de leur fils, les Kilroy continuaient leurs recherches. Ils avaient pratiquement abandonné l'espoir de le revoir vivant, mais ne cessaient de distribuer leurs avis de recherche dont plus de 20 000 exemplaires furent diffusés. On les aidait, des étudiants participaient à leur action. Parmi ceux-ci se trouvait même une jeune femme de l'université d'Austin, Sara Aldrete.

James Kilroy avait contacté l'évêque de Brownsville, Mgr John Joseph Fitzpatrick, ainsi que les prêtres de la région de Matamoros, leur demandant d'informer leurs fidèles de la disparition de son fils, ainsi que de sa description.

Un épisode curieux se produisit lors d'une des premières visites de la famille Kilroy à Matamoros. Helen était venue avec son mari et son fils, laissant à Gwen Huddleston le soin de demeurer près du téléphone dans l'attente d'un hypothétique appel.

Les parents du disparu étaient en train de distribuer leurs tracts et de demander aux passants s'ils avaient vu le jeune homme, quand une troupe de *federales* les avait entourés. Comme les Kilroy s'étonnaient, on leur annonça qu'on était venu les protéger. Les *federales* craignaient une agression de la police de l'État de Tamaulipas. C'est du moins ce que comprirent les Kilroy des explications confuses qu'on leur offrit. Oran Neck, à qui ils en parlèrent par la suite, supposa qu'il pouvait s'agir d'un message voilé leur disant que leur fils était détenu par la police de Tamaulipas. Là aussi, la piste fit long feu. Impossible de trouver quoi que ce soit.

Rassemblant leurs économies, les Kilroy avaient offert une récompense de 5 000 dollars à quiconque les mettrait sur la piste du disparu. Les contributions d'amis permirent de porter cette somme à 15 000 dollars.

Au sein du bureau du shérif du comté de Cameron, le lieutenant George Gavito avait été chargé de l'enquête. Comme Oran Neck, il était de la région et connaissait bien son travail. Il demanda des renforts, et on lui envoya du personnel de l'armée.

L'agitation produisait son effet, et des informations commençaient à affluer. Selon l'une des sources, Mark aurait été retenu prisonnier dans un hôpital de la région, bourré de tranquillisants. Il aurait été témoin d'une opération de trafic de drogue, et on l'aurait enlevé pour l'empêcher de parler. Une femme policier, munie de la photo de l'étudiant, parcourut tous les hôpitaux des alentours, passant de lit en lit en cherchant une ressemblance, sans rien trouver.

Une médium contacta la police en disant qu'elle avait eu la vision du corps de Mark étendu près d'un chaudron semblable à celui d'une sorcière.

Un sataniste affirma avoir sacrifié Mark, mais se rétracta quand il comprit où son histoire pouvait le mener.

L'histoire des Kilroy commençait à prendre des proportions assez impressionnantes. La presse et la télévision en faisaient leurs choux gras. Les témoins du drame passèrent dans une émission intitulée *Current Affairs* (Affaires Actuelles) où on les interrogea sur ce qui s'était passé cette nuit-là, en demandant aux spectateurs de contacter la chaîne s'ils pouvaient donner quelque renseignement que ce soit sur ce qui était arrivé à l'étudiant.

Une autre chaîne, Fox Network, leur accorda le bénéfice d'un passage dans la série

America's Most Wanted, dont on détourna le principe pour eux. En général, cette émission est en effet destinée à retrouver des criminels en fuite. On raconte leurs tristes exploits, on explique pourquoi ils sont recherchés, et on diffuse largement leur photo. Cette série a déjà contribué à la capture de plusieurs dizaines de criminels. Ce soir-là, on diffusa une émission spéciale. Pour une fois on ne recherchait pas un meurtrier, mais une victime.

Ces *reality shows* — du type de ceux que la télévision française nous inflige régulièrement — mêlent la réalité et la fiction dans un documentaire filmé d'une façon dramatique, en essayant de faire tenir leur propre rôle aux personnes qui ont réellement participé aux événements que l'on évoque. Le voyeurisme sur lequel repose le principe de ce type d'émissions est hautement critiquable, mais les Kilroy n'avaient pas le choix : leur enfant avait disparu, et ils voulaient le retrouver. Pour ce faire, tous les moyens étaient bons.

Le 24 mars, Bradley Moore, Brent Martin et Bill Huddleston regagnèrent donc Matamoros où ils retracèrent les dernières minutes précédant la disparition de Mark Kilroy, dont le rôle était tenu par un jeune acteur du nom de Todd Roberts. Pour quelques minutes de passage à l'antenne, les trois amis de Mark durent passer plusieurs heures dans ces mêmes boîtes de nuit à boire de la bière, danser et faire semblant de s'amuser. L'épreuve fut particulièrement difficile pour Bill Huddleston, qui avait été le dernier à voir Mark, mais qu'on parvint finalement à faire jouer, et les cassettes furent expédiées à temps pour être diffusées.

L'émission suscita près d'une centaine d'appels de sympathie, et le bureau du shérif en reçut près d'un millier mais aucune piste sérieuse n'en sortit. Néanmoins, elle avait le mérite de garder Mark au premier plan des nouvelles et le nom de Kilroy à l'esprit de tous les habitants du Texas.

Capitalisant sur cette publicité, James et Helen contactaient tous les hommes politiques qui voulaient bien les écouter. Le gouverneur du Texas, Bill Clements, refusa de les recevoir, mais d'autres personnalités se montrèrent plus accessibles.

C'est ainsi qu'ils eurent la possibilité de discuter avec le maire de San Antonio, Henry Cisneros. Cisneros était un personnage très connu dans la région. Hautement apprécié des Mexicains, il en était également craint pour une raison qui n'avait rien à voir avec sa personnalité propre : étudiant à Harvard, il avait tout simplement partagé la chambre du Président du Mexique, Carlos Salinas de Gortari.

Les Kilroy avaient un gros atout en leur faveur : ils offraient l'image de la famille américaine idéale. Le père était ingénieur, la mère était infirmière bénévole, les enfants poursuivaient leurs études sans histoire, toute la famille était très croyante et pratiquante. Mark ne buvait pas, ne se droguait pas, n'était pas homosexuel, il travaillait dur pour réussir... On ne pouvait rien lui reprocher. Les officiels rencontrés avaient envie de les aider.

Cisneros décida de se réunir avec ses homologues de Matamoros et de Brownsville. Le 10 avril 1989, il se déplaça à Brownsville pour tenir une conférence de presse avec eux.

« — Dans une rue, au milieu de la foule, un jeune homme a brusquement disparu, dit-il. Il y a forcément quelque part quelqu'un ayant vu quelque chose pouvant conduire à la solution de cette affaire. »

Tous trois avaient cependant un autre souci que le simple désir d'aider une famille en détresse : il fallait éviter qu'un vent de panique ne chasse les touristes de la région. Et avec le bruit qu'ils faisaient, les Kilroy empêchaient les fonctionnaires de dormir.

Ils en avaient conscience, et le faisaient exprès. Ils avaient été contactés dès le début de l'histoire par des parents dans le même cas qu'eux. Ceux de Shelley Sikes notamment, une étudiante de dix-neuf ans qui travaillait comme serveuse pour financer ses études et avait disparu en mai 1986. On ne l'avait jamais retrouvée malgré les affiches et les avis de recherche. Plus tard on avait arrêté deux hommes soupçonnés de l'avoir enlevée mais, son cadavre n'ayant jamais été localisé, il fut impossible d'obtenir une condamnation pour meurtre.

Rene Richerson, disparue dans la même région en 1988, n'avait jamais été retrouvée non plus, malgré les affiches et l'agitation causée par ses parents.

Les Kilroy avaient bien enregistré la leçon dispensée par ces familles : si le bruit cessait autour de leur affaire, la police et les officiels qui s'y intéressaient les abandonneraient bientôt pour s'occuper d'autre cas plus récents.

Encore les Kilroy avaient-ils la chance de disposer de suffisamment de moyens pour payer l'impression de ces affiches et se rendre régulièrement à Matamoros — où on commençait à les considérer comme faisant partie du paysage et où il n'était pas rare qu'on vienne les saluer dans la rue et leur offrir quelques mots de réconfort. Ils pouvaient faire parler d'eux. D'autres n'avaient pas cette possibilité.

C'était le cas de la famille de Jose Luis Garcia Luna, disparu le 25 février 1989 près de Matamoros. Ses parents, Isidoro et Ericada, l'avaient vu sortir pour rassembler les vaches d'un voisin. Depuis quelques semaines, l'adolescent avait trouvé ce petit travail qui lui permettait de faire rentrer un peu d'argent dans la maison. Lorsque Jose ne revint pas, ses parents s'inquiétèrent. Jose était un bon fils, pas du genre à partir sans prévenir. La police ne se donna pas la peine de le chercher : des garçons mexicains de quatorze ans qui disparaissaient, c'était son lot quotidien. En général, ils s'étaient enfuis vers le mirage de Mexico, où ils espéraient trouver le moyen d'échapper à la misère. On avait classé l'affaire sans même inscrire le nom de l'enfant sur la liste des personnes disparues.

Par l'intermédiaire de Lloyd Criss, représentant du Texas au congrès, James et Helen Kilroy rencontrèrent le procureur général de l'État du Texas, Jim Mattox. Mattox prit l'affaire avec des pincettes. Il avait des ambitions politiques. Il désirait la place de gouverneur, tenue par Bill Clements qui avait refusé de rencontrer les Kilroy, et c'était le genre d'histoire où il y avait beaucoup de coups à prendre et peu à gagner. Avant de les recevoir, il avait fait procéder à une enquête par un de ses adjoints, Francisco Castillo. Le rapport de celui-ci était sans ambiguïté : Mark était un bon étudiant descendu s'amuser dans une ville frontière avec quelques amis, et qui avait disparu.

La rencontre se passa bien, mais cela s'arrêta là. A part quelques entretiens téléphoniques avec les parents et une visite à la frontière, Mattox ne se mêlerait plus de l'enquête.

CHAPITRE XI

Pour le gang désorganisé que dirigeait Elio, l'arrivée de Constanzo fut semblable à celle d'un nouveau messie.

Très vite, le Cubain montra qu'il ne se contentait pas d'un rôle de conseiller technique, et le pouvoir changea de main. Il ne recommandait plus, il ordonnait. Elio, qui lui avait déjà confié son âme, ne pouvait protester sous peine de représailles. Et d'ailleurs, il n'en avait nulle envie. Sous l'influence de Constanzo, le gang se remit à prospérer. Constanzo avait bien retenu les leçons apprises des barons de la drogue qui venaient lui demander conseil dans son antre de Mexico. Il savait que le trafic reposait sur deux principes fondamentaux : une organisation solide, et un manque total de sentiments.

Il décida, puisqu'il avait repris les affaires d'une famille, de conserver la structure familiale et de la renforcer. Il devint *El Padrino* (le Parrain), acquérant ainsi un double statut : non seulement il était le chef du gang, mais il en devenait symboliquement le père. Pour ces paysans élevés dans le respect de la famille, du père et des anciens, il devenait plus difficile de contester son autorité. Et nul n'y songeait.

Mais assurer ainsi son pouvoir ne suffisait pas à Constanzo. Il lui fallait créer une secte, attirer à lui des adeptes qui obéiraient sans discuter au moindre de ses ordres.

Il annonça à Sara qu'il allait initier Elio, mais qu'elle devait passer la première. Elle en fut heureuse. Elle brûlait du désir de plonger plus avant dans les arcanes occultes dont elle ne faisait que soupçonner l'existence. De plus, Constanzo lui avait annoncé qu'elle serait sa grande prêtresse. Initiée avant Elio, elle occuperait un rang plus élevé dans la hiérarchie du culte.

Constanzo avait décidé que la cérémonie d'intronisation d'Elio aurait lieu le dimanche de Pâques 1988. Le mercredi 23 mars, Sara franchit donc une nouvelle étape.

Ce soir-là, Constanzo, Sara et Omar dînèrent comme si de rien n'était dans l'appartement de Mexico. La sonnette de la porte d'entrée retentit à plusieurs reprises. A chaque fois, Omar se leva et alla ouvrir. Il conduisit les visiteurs à la salle interdite de l'appartement, toujours fermée à clef, celle que Sara n'avait pas encore vue, celle que Constanzo appelait « la salle des morts », et revint se mettre à table.

Après le dîner, Constanzo conduisit la jeune femme jusqu'à la chambre où un ensemble pantalon et tunique de couleur blanche était posé sur le lit. Il lui dit de passer ces vêtements, sans rien dessous.

Lorsqu'elle revint dans le salon, Omar était seul à l'attendre. Il lui banda les yeux avant de la prendre par la main pour la guider vers la pièce interdite.

Dès son entrée, elle suffoqua dans la fumée de cigares qui la baignait. La voix de Constanzo lui intima de respirer profondément, ce qu'elle fit avant de se mettre à tousser. Puis elle sentit qu'on l'aspergeait d'un rhum de mauvaise qualité, réputé pour ses pouvoirs hallucinogènes et les lésions au cerveau qu'il peut entraîner. C'était celui que Constanzo utilisait dans toutes ses cérémonies.

Surnageant par-dessus les odeurs de fumée et de rhum, il y en avait une autre, plus lourde, plus répugnante. L'odeur de la mort. Elle provenait du *nganga*.

Sara fut doucement poussée en arrière jusqu'à ce qu'elle sente ses mollets butter contre un siège. Elle s'assit. On lui ouvrit la bouche, et on la força à avaler du rhum. Elle se remit à tousser, mais se plia au cérémonial. On ne se contenta pas de lui faire avaler une gorgée, et sous les encouragements de Quintana elle s'y reprit à plusieurs fois, avalant autant d'alcool qu'elle le pouvait.

Constanzo s'était mis à psalmodier des mots en bantou dont elle comprenait certains. C'était la voix de Constanzo, et pourtant ce n'était pas elle. Comme si le sorcier n'avait été que le porte-parole d'un autre, comme si un esprit avait pris possession de lui et dirigeait la cérémonie par son intermédiaire.

Plusieurs voix vinrent se joindre à la sienne, et elle ne les reconnut pas toutes. Elle sentit la peur la gagner. Elle ne voyait rien. Qui étaient ces gens ? Qu'allait-il réellement se passer ? Qu'allait-on lui faire ? S'agissait-il bien d'une cérémonie d'initiation, ainsi que Constanzo le lui avait dit, ou bien d'un rituel plus sinistre dont elle allait être la victime ? Elle s'apprêtait à hurler quand la main d'Omar se posa sur son épaule.

— Calme-toi, lui murmura-t-il à l'oreille. Tout va bien.

Cela suffit à rassurer la jeune femme. Omar était son ami, il ne la trahirait pas. Elle reprit courage. Il lui fallait tenir jusqu'à la fin de la cérémonie, après quoi elle serait la grande prêtresse du culte, supérieure à tous ceux qui se trouvaient là, n'ayant plus que Constanzo au-dessus d'elle.

Un poulet fut promené contre son corps, puis elle sentit qu'on l'aspergeait du sang de l'animal. Les yeux bandés, elle imagina le liquide écarlate maculant sa tunique blanche et cela l'excita. Puis on amena quelque chose de lourd qui en se débattant vint lui heurter la jambe. C'était couvert de fourrure. Une chèvre. De nouveau, on lui fit boire du rhum qu'elle avala sans discuter, enfiévrée par celui qu'elle avait déjà absorbé et par le déroulement de la cérémonie.

Constanzo poursuivait ses incantations.

Elle entendait qu'il parlait d'elle, qu'il s'adressait à elle, lui disant qu'elle allait être pénétrée par les esprits, que l'un d'eux la choisirait, et qu'elle lui appartiendrait à l'avenir. Elle frémit, anxieuse et avide.

Il y eut un bruit sourd et un jet de sang l'inonda. Elle comprit que Constanzo venait de sacrifier la chèvre juste devant elle. Le sang glissait sur ses vêtements, sur sa peau... On venait de tuer pour elle. Elle en ressentit à nouveau une profonde excitation. Une main agrippa sa tunique et tira violemment dessus, la déchirant. Elle se retrouva nue jusqu'à la taille devant cette assemblée d'inconnus, mais n'en éprouva aucune gêne. Dans son dos, des sensations de brûlure se mêlèrent à une odeur de chair grillée. Elle comprit que Constanzo la marquait au fer rouge. La douleur lui paraissait lointaine, presque comme s'il s'agissait de quelqu'un d'autre.

— Tu es l'une des nôtres à présent, lui dit finalement Constanzo. Dieu n'existe plus pour toi. Ton âme est morte. Tu es maintenant La *Madrina*[1]. Ton Orisha est Oshun. Prie-la.

Oshun correspondait à Notre-Dame de la Charité. C'était une déesse très puissante, maîtresse de l'argent et du sexe.

On lui ôta son bandeau et Sara sentit l'épuisement s'abattre sur elle. La présence de la déesse dans la pièce lui semblait palpable. Certainement, elle n'était plus la même femme que lorsqu'elle était entrée dans la « salle des morts » peu auparavant.

1. La marraine.

Devant elle se trouvaient Adolfo, Omar et Martin, ainsi que trois inconnus. On les lui présenta sous les noms de Jorge Montes, Juan Carlos Fragosa et Damian, qui lui dit s'appeler parfois Damiana. Elle en déduisit qu'il s'agissait d'un travesti.

— Ils sont ta famille, maintenant, lui expliqua Constanzo. Ils ont pris part à ton initiation. Ils ont été témoins de ton acceptation par Tata Nkisi[1]. Je suis leur parrain. Et maintenant tu es leur marraine. Après moi, c'est à toi qu'ils obéissent. Plus rien dans cette pièce ne peut te faire du mal. A présent tu as le pouvoir.

Elle hocha la tête. Elle savait déjà tout cela. C'était pour ça qu'elle avait désiré être initiée.

Comme elle était toujours torse nu, Martin Quintana lui offrit un peignoir pour la réchauffer. Elle quitta la pièce d'une démarche empreinte de lassitude et alla prendre une douche.

Le dimanche suivant, ce fut le tour d'Elio. Sara, investie de l'autorité que venait de lui conférer Constanzo, se chargea de le convaincre qu'il devait s'impliquer davantage dans le culte dirigé par le Cubain. Ce n'était que par la magie noire qu'il parviendrait à se sortir enfin de l'ornière. Toujours amoureux, Elio pensa que par ce biais, il se rapprocherait de la jeune femme qui continuait de le repousser. Il accepta. La cérémonie d'initiation eut lieu en petit comité. Ne se trouvaient là que

1. L'esprit du chaudron.

Constanzo, Sara, Quintana, et trois autres hommes qu'il ne connaissait pas encore. Sara faisait office de grande prêtresse et devint ainsi sa marraine.

Le Mexicain, bien qu'endurci par une vie de trafics et de violence, ne devait pas en mener large dans la cabane perdue au milieu des champs. Quelques cierges projetaient sur le décor une lumière anémique. Ce soir-là, Elio eut son premier véritable contact avec la religion dévoyée que Constanzo avait tirée de la Santeria et de la Palo Mayombe. Plus tard, il raconta ce qu'il avait vécu :

« — J'avais un bandeau sur les yeux et j'étais nu, étendu face contre le sol de la baraque au ranch. J'ai eu peur, mais je n'ai rien dit. Le Parrain m'encourageait. Ensuite j'ai entendu comme des *maracas*[1] et d'autres voix qui prononçaient des mots étranges, quelque chose comme « *egguala* »[2]. Je pense que des démons étaient évoqués parce que de nombreuses personnes étaient nommées, mais ils ne donnaient les noms d'aucun de ceux qui se trouvaient là, ni de mes amis. Ils m'ont donné à boire dans une coupe, quelque chose ressemblant à du vinaigre chaud mélangé à de la liqueur de canne à sucre. Puis

1. Instruments de musique mexicains.

2. Sans doute « Eleggua », la déité de la Santeria qui permet d'ouvrir les portes sur les différents avenirs possibles. Le fait qu'Elio soit incapable d'identifier un des principaux dieux du panthéon de la Santeria en dit long sur ses compétences en la matière.

j'ai senti de la fumée dans ma gorge, sur mon dos, sur mon visage. J'entendais des voix lointaines. Plus tard mes épaules ont senti... comme si on me marquait. On me faisait des coupures sur les épaules, sur le dos, et sur la poitrine. J'ai réalisé que je saignais parce que j'ai essayé de crier, mais le bâillon a étouffé mes cris. J'ai transpiré un peu. J'avais l'impression d'avoir la fièvre. On m'a donné deux chèvres et deux coqs à sacrifier. J'ai quitté la maison et le Parrain m'a dit que tout allait bien. A partir de cet instant j'étais un prêtre, mais c'était lui qui commandait, avec Sara et Mario. Je venais ensuite. »

Elio, impressionné par la cérémonie, devint un ardent prosélyte. Il n'eut guère de difficulté à persuader Little Serafin de suivre son exemple. On fit progressivement entrer dans le cercle tous les membres du gang jusqu'à ce que la bande soit transformée en une véritable secte. Une hiérarchie s'instaurait : Constanzo était le grand prêtre, Sara la prêtresse et Elio leur « filleul ». A son tour, Elio fit de Serafin un prêtre.

Les autres membres de la famille, entraînés par l'exemple d'Elio, se retrouvèrent impliqués dans la magie noire pratiquée par le Cubain. C'était le prix à payer pour la protection des dieux. Et cette protection était efficace : le *brujo* leur affirma que, grâce aux cérémonies pratiquées, ils bénéficiaient à présent d'un *escudo magico de sangre* (un bouclier magique de sang) qui les rendait invisibles aux yeux des bandes rivales et des policiers. Ainsi on ne pourrait pas les arrêter et si quelqu'un leur tirait dessus, les balles rebondiraient sur leur corps...

CHAPITRE XII

La branche américaine de la famille refusait de reconnaître l'autorité du Cubain, comme elle avait refusé celle d'Elio. Constanzo dut donc trouver d'autres débouchés.

Pour montrer son savoir-faire et prouver qu'il n'hésitait pas à se compromettre, peut-être aussi pour s'impliquer dans le trafic et rassurer ses relations à Houston, Constanzo mit Elio en contact avec ses amis. Elio en fut flatté. Petit trafiquant frontalier, il était soudain reçu dans les plus hautes sphères de la capitale mexicaine. Et même les étranges fréquentations de Constanzo, qui était entouré d'homosexuels, ne suffirent pas à le décourager. Il lui faisait pleine confiance. Pour montrer que cette confiance était bien placée, Constanzo se chargea lui-même d'une des premières opérations. Elle se termina le 21 juin 1988 par la saisie par la police de Houston de 436 livres de cocaïne, valant près de 20 millions de dollars à la revente au détail.

Sans doute Constanzo avait-il voulu trop en faire : il avait acheté une énorme voiture qu'il avait payée comptant lors de ce voyage. Lorsque les guetteurs placés autour de leur repaire annoncèrent l'arrivée de la police, Constanzo et ses hommes eurent juste le temps de filer par une porte dérobée. On ne trouva personne sur les lieux, mais un autel orné de cierges, de poignards, de calices et d'une statue représentant une déité mâle permettait de restreindre le champ des recherches. Le nom de Rivera était inscrit sur divers papiers, mais c'est un nom très commun au Mexique et Constanzo, faute de preuves, ne fut pas inquiété pas plus que lors de la saisie de deux autres livraisons de cocaïne à Pasadena et à Corpus Christi en juillet de la même année.

Néanmoins, la police était au courant des allées et venues de Constanzo, et gardait l'œil sur lui. Cela n'empêcha pas son gang de prospérer. Mettant ces premiers échecs sur le compte d'un manque de foi de ses acolytes, Constanzo en profita pour renforcer l'aspect magique des relations qu'il entretenait avec les gangsters.

Tout d'abord on s'attira les bonnes grâces des dieux par des sacrifices traditionnels en Santeria : poulets, tortues, chèvres... Mais cela ne suffisait pas à Constanzo que le pouvoir enivrait. Il lui fallait plus. Il devait dominer totalement ses hommes. Il devait lier leur sort au sien d'une manière indéfectible.

Lorsqu'un *deal* tourna mal et se solda par

l'enlèvement d'Ovidio et de son fils âgé de deux ans[1], Constanzo décida qu'il était temps de sacrifier un être humain. Le moment était particulièrement bien choisi pour cette nouvelle escalade dans l'horreur : les Hernandez, anéantis par la disparition de leurs proches, étaient prêts à accepter n'importe quoi pour les retrouver. Ils étaient même allés trouver la police pour porter plainte.

La première victime de la secte fut donc un auto-stoppeur de vingt-cinq ans qui eut le tort de se trouver là au mauvais moment. Il se rendait à Rio Brava lorsqu'il fut ramassé par plusieurs membres du gang. Il n'arriva jamais à destination.

Constanzo veilla sur la cérémonie. Après avoir longuement torturé sa victime, il fit sortir tout le monde. Les autres attendirent à l'extérieur tandis qu'il violait l'inconnu sous prétexte de magie noire. Lorsqu'ils rentrèrent, il se fit aider par Martin Quintana — peut-être pour se faire pardonner et lui prouver que ce qu'il venait de faire n'entamait en rien leur relation —, pour égorger l'auto-stoppeur. Ensemble, ils tranchèrent la gorge du jeune homme terrorisé avant de laisser son sang s'égoutter dans un chaudron tandis que les membres de l'assistance chantaient.

1. Constanzo avait décidé de ne pas livrer une cargaison de drogue promise à un truand parent des Hernandez, El Gancho, mais d'emporter l'argent et d'enlever El Gancho et ses hommes pour les sacrifier. Il ne réussit qu'à prendre l'argent, et c'est El Gancho qui enleva Ovidio et son fils, exigeant la restitution de son argent si les Hernandez voulaient les revoir vivants.

Le cerveau de la victime plongea dans le *nganga* de Constanzo. Quelques jours plus tard, les deux prisonniers furent relâchés : El Gancho n'avait pas l'âme d'un assassin.

Les Hernandez venaient d'avoir la preuve éclatante que la magie du Padrino fonctionnait.

Les sacrifices humains pratiqués par Constanzo et son groupe remplissaient en fait une double fonction. La première était de satisfaire les instincts pervers de Constanzo. La seconde, peut-être d'ailleurs sans qu'il en ait conscience, était de lier entre eux les membres du gang. Même si un autre avait tenu le couteau, ils s'étaient trouvés là et n'avaient rien fait pour arrêter son geste. Ils étaient complices, et tous compromis dans ces meurtres accomplis de sang-froid.

Dans son ouvrage, *Evil Harvest*, consacré à une secte américaine, Rod Colvin analyse clairement le rôle de la peur dans la domination exercée par les dirigeants d'un culte sur leurs disciples : « La plus grande partie du contrôle émotionnel s'accomplissait à travers la peur. Les groupes étaient tenus par la peur de deux façons — la peur d'une force extérieure que les groupes affirmaient mauvaise, et la peur d'un dirigeant qui punirait les membres montrant des signes d'un manque de foi. Sous la tutelle d'un semblable contrôle des esprits, l'identité d'un individu était remplacée par une nouvelle. Dans la plupart des cas, il s'agissait d'une personnalité contre laquelle l'ancienne se serait insurgée si elle avait su à l'avance ce qui l'attendait ».

Son pouvoir assuré sur les membres de la famille Hernandez, Constanzo commença à renforcer la bande en y intégrant ses propres hommes, ceux qu'il avait raccolés dans les bars pour homosexuels de la Zona Rosa de Mexico. Sara Aldrete ayant fréquenté les milieux homosexuels depuis son divorce, il recruta deux de ses amis : David Serna Valdez, connu sous le surnom de El Coqueto, et Sergio Martinez Serna, dit La Mariposa (la libellule) qui est un surnom péjoratif donné aux homosexuels au Mexique.

Malgré la différence de mentalité et de culture, les deux groupes se mélangèrent sans problème. Paysans, gangsters et homosexuels firent bientôt bon ménage et l'union fut cimentée par les cérémonies auxquelles tous participaient.

Parmi les gangsters se trouvait un jeune homme réputé pour son absence de pitié, Alvaro de Leon Valdez, embauché autrefois par Saul Hernandez, et connu sous le surnom d'El Duby. Lorsque Constanzo le rencontra, El Duby faisait l'objet d'un contrat pour avoir tué le fils d'un gangster de Matamoros. Constanzo le prit comme gorille personnel et l'emmena avec lui à Mexico. El Duby devint son « filleul ». Constanzo savait pouvoir s'appuyer sur lui. Le jeune *pistolero* avait une intelligence limitée, mais il lui était totalement dévoué, prêt à tuer sur un seul geste.

Progressivement, au cours de diverses cérémonies, Constanzo fit monter en grade Elio dans la hiérarchie de son « Église », jusqu'à lui conférer le grade d'exécuteur, attesté par les brûlures rituelles en forme de croix qu'il lui traça dans le dos et sur les épaules avec la lame d'un couteau chauffée à blanc.

Un climat de peur s'instaura au sein du groupe. La peur, ils l'avaient toujours connue : peur de se faire prendre par des policiers moins corrompus (ou moins bien arrosés) que les autres, peur de se faire abattre dans une opération qui tournait mal... Mais c'était une peur naturelle, elle faisait partie de la vie quotidienne et reflétait les risques du métier. On pouvait la chasser en se promenant avec une Uzi chargée ou un Colt dans la ceinture. C'était une peur proche de l'excitation, et elle donnait du piment à la vie.

Après l'arrivée de Constanzo, la peur changea de visage.

Les esprits rôdaient autour de la bande. Le mage était omniscient et pouvait deviner la moindre faiblesse en chacun.

Ils en eurent très vite la preuve.

L'un des tabous fondamentaux de son organisation était que ses membres ne devaient pas consommer de drogue, à l'exception de la marijuana parfois utilisée lors des rituels. Ce tabou lui avait été inculqué par celui qui l'avait initié à la Palo Mayombe : on laisse la drogue aux incroyants. Si vous vous droguez, votre âme est polluée et les esprits la dévorent lorsqu'ils le découvrent.

Jorge Valente del Fierro Gomez était un ancien policier de Matamoros et informateur des *federales*. Agé de trente-cinq ans, devenu l'un des *pistoleros* de la bande, il pensa qu'il pouvait passer outre l'interdiction. Il s'offrit une ligne de cocaïne devant Sara qui rapporta l'incident à Constanzo. Plus grave encore, c'était de la drogue appartenant au gang, et qu'il avait volée pour son usage personnel. Le mage ne pouvait laisser passer cet affront qui remettait en cause son autorité et risquait de donner des idées à d'autres.

Une cérémonie fut organisée au ranch Santa Helena. Constanzo sacrifia un poulet, puis un chat... Tout se passait bien jusqu'à ce qu'il s'adresse aux dieux pour leur dire qu'un des membres de la confrérie les trahissait. Quelqu'un les volait. Quelqu'un ne respectait pas les interdits de la secte.

Involontairement, Valente avait fait un pas en arrière. Lorsque Constanzo le désigna, les autres poussèrent un soupir de soulagement. La colère du mage n'était pas dirigée contre eux, mais s'adressait à un homme qui n'était pas de la famille.

D'un geste vif de la machette qu'il tenait à la main et que nul n'avait anticipé, Constanzo fracassa la mâchoire de l'ex-policier qui s'effondra sur le sol.

Ce fut le signal de la curée. El Duby, qui rêvait de participer aux meurtres et aux tortures, fut le premier à se précipiter.

Lorsqu'on le retrouva, le corps de l'ancien policier ne put être identifié que par une rose tatouée sur son bras.

Little Serafin, qui avait fait entrer Valente dans le gang, n'apprécia pas de le voir tué pour quelques grammes d'héroïne. La leçon n'en fut que plus profitable. A l'avenir, il ne broncherait plus d'un pouce.

Constanzo venait de faire d'une pierre deux coups : d'une part il soupçonnait Valente de toujours travailler pour les *federales* et n'aurait plus ainsi à se poser la question, d'autre part sa mort servirait d'exemple et on n'oserait plus transgresser ses ordres.

Effectivement, après cela, les gangsters ne touchèrent plus à la drogue que pour la transporter.

Une autre fois, Constanzo soupçonna deux hommes d'être des informateurs. Il les fit ligoter et bâillonner, puis conduire au ranch. Là, ils furent longuement torturés en présence des autres membres du gang. Leur supplice terminé, ils furent démembrés et les morceaux de leurs corps dispersés.

Dès lors le groupe resserra les rangs, jusqu'à former une famille unie dont nul n'osait envisager de sortir. Les gangsters se sentaient protégés, forts, et n'hésitaient pas à se vanter de leurs activités illégales dans les bars de Matamoros. Ils disaient à qui voulait les entendre qu'ils possédaient la police.

Ils affirmaient croire au Vaudou, et être invulnérables. Personne ne mentionnait la Palo Mayombe, qui a trop sinistre réputation. D'ailleurs, il est possible que Constanzo lui-même n'ait pas utilisé ce terme. Il devait être devenu suffisamment mégalomane pour avoir fondé sa propre religion, grâce aux emprunts faits à divers cultes « officiels » comme la Santeria, la Palo Mayombe, le Vaudou.

Tout comme Constanzo savait faire preuve de la plus grande cruauté envers ses propres hommes, il se montrait sans pitié avec les gangs rivaux.

Il avait décidé qu'il était inutile de payer pour ce qu'on pouvait obtenir gratuitement. Avec lui, aucune alliance n'avait de valeur. Il pouvait très bien monter une affaire avec un ami et le faire égorger la semaine suivante s'il pensait s'en tirer. A chaque fois que c'était possible, il n'hésitait pas à voler ses fournisseurs.

Ce fut ce qui arriva à Ezequiel Rodriguez Luna, qui avait commis l'erreur de contacter Elio pour lui proposer huit cents kilos de marijuana de première qualité. Elio en référa à Constanzo, qui décida d'appliquer sa technique habituelle. Elio commença par annoncer à son correspondant que Constanzo n'était pas satisfait de la qualité de la marijuana et que le petit truand ferait mieux d'en parler directement avec son patron. Un rendez-vous fut fixé dans un bar. Trois hommes du Cubain interceptèrent Ezequiel Rodriguez au moment où il allait y entrer, et l'emmenèrent au ranch Santa Helena. Après que Constanzo lui eut coupé un doigt avec une paire de tenailles, Ezequiel accepta de tout dire. Constanzo lui trancha tout de même deux autres doigts et un mamelon, juste pour le plaisir.

Les deux hommes qu'Ezequiel avait laissés de garde auprès de la drogue n'opposèrent pas de résistance quand ils virent huit « policiers » débarquer et les placer en état d'arrestation[1]. Ce ne fut qu'en arrivant sur le ranch Santa Helena — où ils retrouvèrent leur employeur, qui entre-temps avait perdu ses deux oreilles —, qu'ils comprirent qu'ils avaient sans doute été trop confiants. Lorsqu'on leur fit creuser un trou qui ressemblait à une tombe à trois places, ils ne se firent plus d'illusion.

Ingram[2] en main, Constanzo se demanda s'il allait les découper avant ou après les avoir tués, tandis qu'il vissait un gros silencieux sur le petit pistolet-mitrailleur. Il les abattit d'une seule rafale avant d'avoir répondu à sa propre question. Ses disciples découpèrent ensuite les cadavres pour alimenter le chaudron.

Après quoi les gangsters n'eurent plus qu'à retourner à l'entrepôt prendre livraison de la marijuana.

La drogue ne suffisait pas à Constanzo. Il développa le trafic d'immigrés clandestins qu'Elio avait mis sur pied. Là où Hernandez avait jeté les embryons d'un petit trafic faisant passer occasionnellement un Mexicain, Constanzo organisa de véritables charters charriant des douzaines d'illégaux venus de toute l'Amérique du Sud. A tel point que la police américaine finit par s'en inquiéter. Le nom de Constanzo était connu des services de l'immigration US. On le soupçonnait de liens

1. Un des principaux commerces auxquels se livraient les policiers mexicains était la vente de plaques et de cartes de police. Constanzo lui-même en avait un jeu à son nom.

2. Petit pistolet-mitrailleur américain.

avec des organisations criminelles américaines, notamment les gangsters de Chicago. On le soupçonnait de travailler pour le Cartel de Medellin (ce qui expliquerait qu'après sa reprise en main du gang on n'ait plus entendu parler des Colombiens à Matamoros).

Les Américains tentaient d'infiltrer son gang, mais étant donné le peu de confiance que l'on pouvait accorder à la police mexicaine, les informations n'avaient pas été relayées à Juan Benitez Ayala, commandant en chef des forces de police du district de Matamoros depuis février 1989.

Les fédéraux, quant à eux, étaient troublés par le nombre de disparitions inexpliquées dans la région de Matamoros.

Que des hommes disparaissent n'avait rien de surprenant étant donné les trafics auxquels donnait lieu la proximité de la frontière, mais c'était leur nombre, beaucoup plus important que les années précédentes, qui était inquiétant.

Sur la liste des personnes disparues dont disposait la police se trouvaient les noms de Moises Castillo Vasquez, âgé de cinquante-deux ans, et de son ami Hector de la Fuente. La famille de Moises n'avait plus entendu parler de lui après qu'il eut annoncé qu'il quittait Houston pour aller jeter un coup d'œil sur sa récolte à quelques kilomètres de Matamoros. Moiscs Castillo Vasquez n'avait pas de chance : son ranch était voisin de celui des Hernandez, et lorsque ceux-ci apprirent qu'un chargement de drogue les attendait, le sort des deux trafiquants fut scellé.

Il y avait donc deux sortes de victimes du gang : celles qui mouraient lorsque Constanzo pensait pouvoir rafler la mise sans coup férir, et celles qui étaient sacrifiées dans la cabane du ranch Santa Helena.

Pour celles-ci, la fin était loin d'être agréable. Elles étaient souvent torturées avant de mourir, et trois d'entre elles furent sans doute ébouillantées vives. Selon les témoins, le cœur d'une des victimes lui aurait été arraché alors qu'elle était encore vivante[1]. Quant à Gilberto Garza Sosa, il fut castré, eut un des orteils et les mamelons découpés aux ciseaux, et fut ébouillanté avant d'être achevé.

Gilberto Garza Sosa était un ancien policier des chemins de fer âgé de quarante ans. Selon la police mexicaine, il était en liaison avec un gang introduisant de la drogue aux États-Unis (sans doute celui de Constanzo). La police texane pense qu'il aurait été kidnappé après que Sara Aldrete l'aurait attiré dans un piège. Jack Douglas et Andrew Kirtzsman écrivirent dans le *Houston Post* : « (Aldrete)... aida à l'attirer dans une situation où il pouvait être enlevé, selon un adjoint du shérif du comté de Cameron. Sara Aldrete a été vue à de nombreuses reprises à "l'abattoir" sacrificiel sur un ranch à quarante kilomètres de là, selon l'officier des douanes Oran Neck. Tandis que les victimes étaient exécutées et démembrées, elle se tenait debout près d'Adolfo Jesus Constanzo... » Gilberto Garza Sosa aurait

1. Façon de procéder qui rappelle celle des Aztèques.

commis un double crime : celui d'avoir été l'amant de Sara sans l'autorisation de Constanzo, ce qui lui attira le courroux du Parrain, et celui de l'avoir ensuite abandonnée, ce qui lui valut la colère de la jeune femme. Ce serait elle qui se serait livrée aux tortures évoquées.

L'une des scènes les plus abominables qui se soient déroulées au ranch Santa Helena remonte au 25 février 1989. Ce jour-là, les adeptes du culte avaient capturé en pleine rue un jeune homme qu'ils soupçonnaient de renseigner la police. Le sacrifier serait donc faire d'une pierre deux coups : on s'attirait les bonnes grâces des dieux, tout en faisant disparaître une menace potentielle. Rien ne se passa comme prévu. Le prisonnier se débattit, se mit à hurler, voulut profiter d'un arrêt de la voiture pour s'enfuir... Tant et si bien qu'Elio, enragé de voir qu'on lui résistait, lui vida son chargeur dans le corps. L'arme était munie d'un silencieux et n'attira pas l'attention des passants. Le véhicule repartit lorsque le feu passa au vert, emportant les gangsters et leur victime.

Constanzo, qui attendait au ranch, fut très mécontent. Il était hors de question de reporter la cérémonie.

— Allez capturer la première personne que vous trouverez ! ordonna-t-il.

Deux hommes sautèrent aussitôt dans un camion et se lancèrent sur les chemins de terre sillonnant les plantations de maïs. Ils n'eurent pas à aller loin. Le jeune José Luis

Garcia de Luna, âgé de quatorze ans, était en train de nourrir les vaches d'un voisin. Il avait trouvé ce travail quelques semaines auparavant et était très fier de pouvoir rapporter un peu d'argent à sa famille qui en avait grand besoin. C'était un bon fils et un brave garçon. Malgré le handicap de sa condition sociale, il réussissait à avoir d'excellentes notes à l'école et avait toutes les chances de pouvoir aller à l'université s'il obtenait une bourse. Il pensait déjà aux études qu'il pourrait faire plus tard, à la réussite qui l'attendait. Il n'avait pas de vices, peu d'amis. Il était le dernier-né et restait toujours aux côtés de sa mère pour l'aider. Les deux hommes s'arrêtèrent à sa hauteur, descendirent du camion et lui jetèrent un sac sur la tête. Ils le poussèrent dans le véhicule qui repartit aussitôt pour la baraque où le chaudron attendait.

Elio ne prit même pas le temps d'ôter le sac. C'était la première fois qu'il devait procéder lui-même à un sacrifice. C'était un grand honneur et il tenait à prouver qu'il était à la hauteur de la tâche. Il était excité, il avait peur. On fit agenouiller le garçon devant le chaudron, et sans attendre Elio abattit sa machette. Dans son excitation, il avait mal visé et au lieu de fracasser le crâne, il avait décapité le gamin. La tête roula sur le sol et Constanzo attrapa le sac. Ce n'est que lorsque le corps s'effondra qu'Elio reconnut sa chemise. Il réalisa alors qu'il venait de tuer son propre cousin. Mais la cérémonie ne pouvait être interrompue. Il plongea la main dans le crâne que Constanzo venait de défoncer d'un coup de marteau et en sortit la cervelle qu'il jeta dans le *nganga*, après quoi il ouvrit la cage thoracique afin d'en extraire le cœur et les poumons.

Sara, quant à elle, menait la grande vie. Elle qui, quelques mois plus tôt, n'avait pas d'avenir était devenue la seconde dans une organisation qui brassait les dollars. Elle avait virtuellement pouvoir de vie et de mort sur n'importe qui. On la couvrait de cadeaux. C'est ainsi qu'elle se retrouva bientôt au volant d'une Ford Taurus neuve offerte par Elio, qui rêvait toujours de l'entraîner dans son lit. Elle aimait se montrer au volant de cette voiture, et emmener ses amis dans une balade au cours de laquelle ils pouvaient user de son téléphone cellulaire. Lorsque certains lui demandaient comment elle avait pu faire l'acquisition de ce véhicule, elle répondait qu'on lui avait prêté l'argent et qu'elle remboursait par mensualités. Personne ne songea à s'étonner qu'elle y parvienne avec les quelques dizaines de dollars qu'elle recevait au titre de sa bourse d'étudiante, auxquelles elle ne pouvait ajouter que le maigre salaire gagné à l'université.

Parfois, elle invitait des amies au restaurant. Il s'agissait toujours d'un grand restaurant, et elle les emmenait ensuite danser dans des boîtes de nuit aux droits d'entrée prohibitifs. A l'occasion, elle leur laissait entendre que si elles avaient besoin de quelque chose ou si elles désiraient se débarrasser de quelqu'un, elles n'avaient qu'à lui en parler.

Elle avait cependant un comportement pouvant donner à réfléchir. Elle arrivait fréquemment à l'université avec un plâtre, disant qu'elle s'était cassée quelque chose. Ou bien elle ne venait pas, et donnait comme excuse qu'elle avait eu un accident, qu'on l'avait agressée... On la voyait revenir, quelques jours plus tard, paraissant avoir tout oublié. Les plâtres et les bandages avaient en réalité pour objet de dissimuler les hématomes qu'elle se faisait au cours des cérémonies, lorsqu'elle entrait en transe et qu'un esprit la « possédait ».

Elle portait autour du cou un lacet de cuir, auquel était suspendu un pendentif qui changeait parfois de couleur. Il devenait alors brun sombre pour quelques jours, comme si on l'avait trempé dans du sang... Un camarade voulut y toucher pour voir ce que c'était. Elle lui agrippa le poignet, lui disant que c'était une amulette destinée à la protéger, mais que si quelqu'un d'autre y touchait, il lui arriverait malheur. Il n'insista pas, prêtant peu d'attention à l'incident.

Une autre fois, elle convia trois étudiants à venir voir chez elle une cassette du film de John Schlesinger : *The Believers* (Les envoûtés)[1]. Après le film, elle se mit à prêcher, et à essayer de les convaincre des pouvoirs de l'occulte. Les trois jeunes gens mirent cela sur le compte des bières qu'ils avaient bues en

1. Certains ont voulu voir dans ce film une espèce de bible dont Constanzo se serait inspiré. Il semble qu'il n'en ait rien été et qu'il ne s'agisse que d'affabulations de journalistes.

quantité et pensèrent qu'elle tentait juste de leur faire peur.

Sara approcha également deux jeunes membres de l'équipe de base-ball sur le campus. Elle leur proposa de venir passer un week-end à Matamoros. Malgré le charme de la jeune Mexicaine, ils déclinèrent l'invitation. Cela leur sauva sans doute la vie : ils auraient peut-être fini au ranch Santa Helena.

Le gang de Constanzo prospérait donc, de même que sa secte, les deux étant étroitement liés. Son emprise sur ses troupes était totale, et il avait tout ce dont il pouvait rêver : argent, sexe, pouvoir. Cela ne lui suffisait pas.

Jusqu'à présent, Constanzo avait sacrifié des Mexicains enlevés au hasard ou des truands comme lui. Il lui fallait plus. Il désirait connaître de nouvelles émotions, pousser plus loin ses orgies sanglantes. Il informa ses hommes que les sacrifices opérés les protégeaient effectivement de la police mexicaine et des autres gangsters. Mais pour se protéger des Américains il n'y avait qu'une solution : il fallait en sacrifier un. Il y avait longtemps qu'il y pensait.

Ce qui le décida fut le sacrifice d'un *dealer*, le 13 mars 1989. Pour la première fois, la victime n'avait pas hurlé. Même quand Constanzo lui avait arraché la peau, même quand il l'avait violé sans ménagement, l'homme n'avait pas gémi. C'était un mauvais présage. Le *nganga* se nourrissait de la souffrance et de la peur. Une victime qui ne hurlait pas ne pouvait satisfaire les dieux. Il lui fallait quelqu'un de mou. Un jeune Américain, qui hurlerait pendant des heures avant de mourir.

— Ramenez-moi un *gringo*, ordonna-t-il. Un jeune, en bonne santé, avec des cheveux blonds.

CHAPITRE XIII

Jim Kilroy passa les mois de mars et avril 1989 à faire l'aller-retour entre son domicile de Santa Fe et Brownsville.

« — Jim Kilroy était avec nous en permanence, dit Oran Neck. Après ma première rencontre avec Gavito, nous avions établi notre quartier général dans le bureau du shérif. Quand Kilroy était à Brownsville, il y passait dix-huit ou vingt heures. Il travaillait avec nous, il mangeait avec nous, il sortait coller des affiches et revenait. Il faisait partie de l'équipe des enquêteurs. »

Il n'était pas possible d'ignorer le cas Kilroy. Au Mexique, la police fédérale et la police judiciaire avaient mis chacune une équipe spéciale de dix policiers sur l'affaire. Certaines informations semblaient indiquer que Mark avait été victime d'une secte pratiquant l'occultisme en bordure de la frontière. La cérémonie se serait mal terminée. Ce n'était qu'une rumeur, mais ce n'était pas la première du genre qui parvenait aux oreilles des *federales*. Les Mexicains mettaient un étouffoir sur cet aspect de l'affaire. Il n'était pas question de laisser se répandre le bruit qu'une secte pratiquant la magie noire avait enlevé l'étudiant !

Malgré tout, c'était une piste que l'on creusait[1]. La Direction de la Police Fédérale à Matamoros avait récemment changé de main. Juan Benitez Ayala avait été nommé à ce poste quelques semaines à peine avant l'enlèvement de Mark Kilroy. Ayala était un policier de trente-cinq ans qui n'avait pas peur de se salir les mains et de faire le coup de feu. Avant son arrivée, les *federales* et la police de l'État de Tamaulipas assuraient eux-mêmes la protection des trafiquants de drogue de la région. Ayala avait été mis là pour faire du ménage.

Certains prétendaient que la nomination de Juan Benitez Ayala à ce poste était une punition. Il aurait, dans son précédent poste à Oaxaca, torturé lui-même certains prisonniers, et racketté les barons de la drogue de son périmètre. Dénoncé par un article dans un journal local, Juan Benitez Ayala avait fait arrêter le journaliste, qui n'aurait été relâché que grâce à l'intervention de son employeur.

Quoi qu'il en soit, Juan Benitez Ayala faisait du bon travail sur Matamoros, et il fut l'un des éléments déterminant de l'enquête. Grâce à lui, la paperasserie mexicaine put être évitée et l'enquête progressa.

Au Texas, Gavito avait obtenu des renforts

1. Les Américains quant à eux privilégiaient l'hypothèse d'une garde à vue qui se serait mal terminée.

qui lui permettaient de faire patrouiller les environs du Rio Grande. Les bas-fonds des deux côtés de la frontière étaient l'objet de descentes de police où l'on interrogeait systématiquement les suspects en leur présentant la photo de Mark Kilroy : « Avez-vous vu ce garçon ? »

Cela suscitait d'innombrables pistes qu'il fallait vérifier une à une. Des journées de travail, qui ne débouchaient sur rien.

Du côté des douanes, Oran Neck ne restait pas inactif. Il avait fait jouer ses relations, et on commençait à peser sérieusement sur les Mexicains pour leur faire activer les recherches. Il faut dire que les douanes avaient un vieux contentieux à régler avec le Mexique, et qu'elles n'entendaient pas que se reproduise ce qui était arrivé en 1986 lors de la disparition d'un de leurs agents, Enrique Camarena Salazar.

Les douanes américaines savaient très bien qui était responsable de la disparition de Camarena. Ou du moins, elles avaient une liste de personnes susceptibles de l'être. Et bon nombre d'entre elles étaient des personnalités de premier plan : ministres, députés, hauts fonctionnaires, policiers... Camarena enquêtait justement sur ces personnalités et leurs liens avec les trafiquants lorsqu'il avait été enlevé.

Camarena avait disparu avec son pilote depuis plus d'un an. Les douanes disposaient d'un instrument très efficace qu'elles décidèrent d'utiliser puisque le Mexique ne faisait pas preuve de beaucoup de bonne volonté pour faire progresser l'enquête : la fermeture de la frontière.

Von Raab, directeur des Douanes, ordonna donc d'arrêter chaque véhicule qui passait la frontière et de le fouiller de fond en comble. On sait ce qui se produit lorsque les douaniers entament une grève du zèle : l'effet fut le même. Embouteillages, attentes de plusieurs jours pour traverser la frontière, paralysie totale de toute la région, et derrière elle de tout le Mexique et d'une partie de l'Amérique latine.

En liaison avec l'action de Von Raab, l'ambassadeur américain au Mexique, John Gavin, informa les journaux mexicains qu'il allait bientôt émettre un *Travel Advisory*. Il s'agit d'un livret de recommandations émises à l'égard des touristes pour leur signaler des zones dangereuses. Les touristes américains n'aiment guère prendre de risques. Émettre un tel document sur le Mexique serait revenu à l'interdire, et le tourisme se serait effondré.

Les Mexicains comprirent qu'il était inutile d'attendre que l'affaire se tasse... et les corps de Camarena et de son pilote réapparurent.

Ce qui avait été efficace une première fois pouvait fonctionner à nouveau, et du côté américain on commençait donc à envisager de réutiliser la méthode qui avait permis de faire réapparaître le cadavre de Camarena.

Pour Matamoros, la situation devenait catastrophique. Les touristes se faisaient rares. Les bars et les discothèques étaient vides, tout comme les restaurants. Les femmes ôtaient leurs bijoux avant de traverser la frontière, et plus un Américain n'osait voyager seul dans les environs.

Du côté américain de la frontière on tentait tout ce que l'on pouvait pour découvrir de nouvelles pistes. Certains allaient même un peu trop loin. C'est ainsi que le gouverneur du Texas, Bill Clements, qui avait refusé peu auparavant de rencontrer les Kilroy, comprit soudain qu'en période électorale il pouvait être néfaste de paraître se désintéresser d'une affaire qui prenait de telles proportions. Il mit les pieds dans le plat avec ses gros sabots, et ne trouva qu'une solution au problème qui soit suffisamment médiatique pour lui assurer un maximum de publicité : puisque c'était un problème frontalier, il fallait envoyer les Texas Rangers.

Constitués pour protéger les ranchs installés près de la frontière, les Texas Rangers s'étaient vite transformés en un corps de mercenaires louant leurs Colt aux plus offrants. Ils protégeaient toujours les ranchs, mais n'hésitaient pas à éliminer toute opposition, qu'elle soit indienne ou mexicaine. Autant dire que leur intervention dans une telle affaire n'aurait pas arrangé les relations entre les deux pays.

Fort heureusement, on parvint à calmer les ardeurs bellicistes du gouverneur.

Le 4 avril, un élément nouveau fit rebondir l'enquête : les Kilroy reçurent un appel anonyme, leur disant que leur fils était retenu prisonnier et qu'il ne leur serait rendu que contre une rançon de dix mille dollars.

Les Kilroy, qui avaient commencé à s'habituer à l'idée que Mark était mort, reprirent espoir malgré le temps écoulé depuis sa disparition. Il était peu probable que des kidnappeurs aient attendu si longtemps pour les contacter, mais c'était la première fois que quelqu'un se manifestait en affirmant savoir où était Mark. La famille négocia.

Dix mille dollars (environ cinquante mille francs français) représentaient une somme assez importante pour eux. Jim était certes ingénieur chimiste, mais la pétrochimie texane était en crise et le chômage menaçait. De plus, avec deux enfants suivant leurs études, il lui fallait faire attention à ses dépenses. Il avait donc discuté avec son interlocuteur, lui expliquant qu'il ne pouvait pas trouver autant d'argent et lui demandant de modérer ses exigences.

Lors d'un second appel, l'inconnu accepta de descendre à deux mille dollars, à titre d'acompte. Le solde serait payé lorsque Mark serait relâché. Helen se chargerait du règlement. Elle emporterait l'argent dans un sac de papier et se rendrait dans une station-service Exxon. Là, elle devrait utiliser la cabine téléphonique pour appeler un numéro.

Helen fit ce qu'on lui demandait.

La station-service était déserte. Il faisait nuit. Elle composa le numéro, écouta la sonnerie à l'autre bout.

Les Kilroy étaient suffisamment intelligents

pour savoir qu'on ne peut pas négocier avec des ravisseurs, et que payer revient à condamner à mort la personne disparue. La police avait donc été prévenue. Le numéro composé par Helen correspondait à une autre cabine téléphonique de Santa Fe.

Les policiers le savaient, et s'étaient placés en embuscade à proximité. Ils furent repérés par les gangsters, et personne ne vint décrocher.

Les Kilroy reçurent un nouvel appel. L'interlocuteur était furieux et les accusait de les avoir trahis. Il les menaça de leur envoyer les doigts de Mark par la poste comme preuve qu'ils le détenaient bien. Helen et Jim protestèrent de leur innocence et Helen jura qu'elle s'était rendue à la cabine convenue, qu'elle avait fait le numéro indiqué mais que personne ne lui avait répondu. Elle supplia l'homme de leur accorder un nouvel essai.

Parallèlement, la police les informa qu'on avait cambriolé l'appartement de Mark, près de l'université. Y avait-il un lien avec la disparition de Mark ?

En fait, il s'agissait d'un banal cambriolage dont l'auteur ne devait même pas savoir chez qui il se trouvait.

L'interlocuteur des Kilroy les rappela. Il fallait cette fois déposer l'argent dans un cimetière de Santa Fe. Helen fit de nouveau le voyage de nuit, son sac en papier sur la banquette à côté d'elle. La police se trouvait là, elle aussi. Elle savait déjà, pour avoir remonté la source de l'appel, qu'il avait été lancé depuis une cabine publique se trouvant à l'intérieur de la prison de Santa Fe, à la disposition des prisonniers.

Sur les lieux du rendez-vous, ils virent une camionnette qui passa avant et après l'arrivée d'Helen Kilroy mais sans que personne tente de l'approcher. A bord se trouvaient Elmer Ranferi Corado et Mardoquoro Zamora Gonzalez, deux hommes déjà repérés lors de la précédente tentative. Les policiers jugèrent qu'il était temps d'en finir et les arrêtèrent. Peu après, ils arrêtaient une femme, Becky Rita Smith, et remontaient jusqu'à deux autres hommes, Robert George Miller et Wilton Joseph Smith, qui se trouvaient déjà en prison, d'où ils avaient lancé l'appel. L'un de ceux-ci étaient un récidiviste qui avait déjà tenté le même genre de racket après une affaire d'enlèvement.

Helen Kilroy exprima sa colère dans les journaux dès que les cinq membres du gang furent inculpés : « Nous avons été absolument choqués de constater que des gens qui ont toutes les raisons d'être emprisonnés soient en mesure d'appeler à l'extérieur pour terroriser des innocents. Nous avons été vraiment outrés que des gens puissent être menacés depuis l'intérieur de nos prisons. »

A Santa Fe, les Kilroy pouvaient compter sur l'appui de leurs concitoyens. Et signe de soutien, le maire de la ville leur avait demandé d'accrocher, du 12 au 16 avril, des rubans jaunes aux arbres de leurs jardins. La ville passa donc une semaine sous les rubans.

Au-delà de la marque de sympathie envers ceux qui le cherchaient, Helen espérait que, quelque part, Mark entendrait parler de ces rubans, les verrait peut-être à la télévision, et saurait qu'on ne l'oubliait pas.

Et on ne l'oubliait pas. Certains pensaient même beaucoup à lui. Les enfants des écoles de la ville écrivirent aux élus et au gouvernement pour leur demander de consacrer plus d'argent aux recherches.

CHAPITRE XIV

Jim Mattox, le procureur général du Texas, fit un voyage à Brownsville au cours duquel il s'assura une très large couverture médiatique. De là, il passa au Mexique où il rencontra Anibal Perez, son homologue de l'État de Tamaulipas.

L'entretien fut courtois. Mattox savait qu'il n'avait aucun pouvoir au Mexique et que l'enquête dépendait de Perez. Les deux hommes se quittèrent en bons termes, mais le message était passé : si on ne retrouvait pas Mark Kilroy, c'était la guerre économique. Et le Mexique n'avait pas les moyens de faire la guerre.

A la suite de la visite de Mattox, les médias entrèrent en effervescence. Les passages de la famille à la télévision se succédaient, et Hollywood commençait à s'intéresser à l'histoire. Il fallait agir vite. Pour tenter de gagner du temps, Anibal Perez demanda qu'une plainte soit déposée auprès de ses services, ce qui n'avait pas encore été fait.

De son côté, Juan Benitez Ayala remuait ses troupes. Les barrages destinés à lutter contre le trafic de drogue furent renforcés dans toute la région, mêlant armée et fédéraux.

Le 1er avril 1989, cette agitation fut payante au-delà de toutes les espérances. La route nationale n° 2 menant de Matamoros à Reynosa fut barrée. Les voitures devaient s'y arrêter pour être inspectées par les militaires et les fédéraux.

Un barrage avec des soldats et des policiers lourdement armés de fusils-mitrailleurs, dans un pays où l'on commence par tirer avant de poser des questions, cela inspire le respect. Tout le monde s'arrête et retient sa respiration le temps que dure la fouille. Les lois sont suffisamment floues pour que le fait d'éternuer soit pris comme une provocation et que le soldat qui vous abat reçoive une promotion pour ses réflexes. Les gardes de faction autour du barrage furent donc plus que surpris de voir arriver un camion qui ne ralentit pas et qui, au dernier moment, quitta la route pour s'engager dans les champs, au mépris des pistolets-mitrailleurs qui suivaient sa course.

Le jeune Mexicain qui conduisait ne leur accorda même pas un regard. Il se contenta d'éviter le barrage en passant à moins de dix mètres des soldats, avant de regagner la route une fois franchi l'obstacle.

La scène était tellement stupéfiante que plusieurs secondes s'écoulèrent avant que les policiers ne réagissent. Personne ne songea à tirer. L'un des policiers avait eu le temps d'identifier le conducteur du camion : c'était Little Serafin, un trafiquant du gang Hernandez. Finalement, l'officier en charge du barrage, Raul Morales, fit signe à un de ses inspecteurs et ils se jetèrent dans une voiture banalisée qui se lança derrière le camion. Le comportement de son conducteur était tellement surprenant qu'ils décidèrent de le suivre.

Little Serafin ne s'inquiétait pas. Il revenait de Brownsville où il avait rendu compte à Constanzo d'une livraison de drogue. Il avait évité le barrage parce qu'il n'avait pas envie de faire la queue. A présent il voyait bien la voiture de police, à deux cents mètres derrière lui, mais il ne pensait pas qu'elle le suivait. Comment les policiers auraient-ils soupçonné sa présence ? Grâce à la magie, il était invisible aux policiers, et invulnérable à leurs balles. Constanzo le lui avait affirmé au cours des diverses cérémonies auxquelles il avait assisté : c'était à cela que servaient les sacrifices humains.

Little Serafin se rendit donc tranquillement jusqu'à sa destination, le ranch Santa Helena.

Les deux policiers dépassèrent l'entrée du ranch pour faire demi-tour un peu plus loin. Ils attendirent la réapparition du camion à l'ombre d'un petit bois. Elle survint une demi-heure plus tard. Little Serafin était toujours au volant. Raul Morales décida de le laisser partir. Ils savaient de qui il s'agissait, et où le retrouver, le cas échéant. Par contre ils ignoraient à qui appartenait le ranch. La voiture banalisée s'engagea sur la piste où la poussière soulevée par le camion n'avait pas encore eu le temps de retomber. Cinq cents mètres plus loin, ils trouvèrent quelques baraquements jouxtant un entrepôt. Un vieillard décharné s'avança vers eux.

Les deux policiers jouèrent les idiots. Descendant de son véhicule, Morales commença à discuter avec le petit vieux. Il lui dit s'être égaré et lui demanda s'il était le propriétaire du ranch. Pendant ce temps, son adjoint examinait une Chevrolet neuve garée tout près de là. La voiture était immatriculée au Texas. Se penchant comme pour en admirer l'intérieur, il aperçut un téléphone cellulaire.

Le vieillard ne possédait pas le ranch. Il n'en était que le gardien. Il ignorait le nom du propriétaire. Lui-même s'appelait Domingo Reyes Bustamente.

Sur les sièges de la Chevrolet, l'inspecteur remarqua la présence d'une fine couche de poussière verte. Il n'avait pas besoin de la goûter pour savoir ce que c'était. Ce n'était pas la première fois qu'il voyait des traces de marijuana. Au moment où il se redressait, son regard tomba sur une statue d'une trentaine de centimètres : c'était un visage de pierre grimaçant, posé sur le plancher.

De son côté, Morales prenait congé du vieux gardien qui commençait à montrer des signes de nervosité. Le remerciant pour son aide et l'assurant qu'ils allaient retrouver sans peine leur chemin, les deux policiers repartirent.

Sitôt rentré, Morales appela son chef, Juan Benitez Ayala, pour lui faire part de ses découvertes. Benitez Ayala se trouvait aux USA, où il suivait un stage de formation du FBI. Il était l'un des rares policiers mexicains jugés dignes de cet honneur par les Américains.

La nouvelle le laissa perplexe. Les Hernandez, il les connaissait bien. Il avait lui-même brûlé une partie de leurs récoltes en 1986. Il savait que le chef du gang, Saul, avait été abattu deux ans plus tôt et que des querelles intestines avaient dégénéré en une guerre de succession. Le gang Hernandez aurait dû être de l'histoire ancienne et pourtant ses membres se comportaient comme s'ils possédaient Matamoros et ses environs. Leur train de vie était peu en rapport avec la situation d'une famille de trafiquants en déconfiture. Il ordonna que le ranch soit placé sous surveillance discrète jusqu'à son retour. Quant à lui, profitant de ses contacts avec le FBI, il allait s'arranger pour obtenir les coordonnées du propriétaire de la Chevrolet afin de faire mettre son téléphone sur écoutes.

Domingo Reyes, le gardien du ranch, n'avait pas été dupe des mensonges des policiers. Il savait qu'il se passait des choses peu catholiques au ranch et l'arrivée des deux inconnus aux yeux fureteurs, avec leurs questions indiscrètes et des bosses suspectes sous leurs vestes ne pouvait signifier qu'une chose : la police s'intéressait au ranch.

Domingo Reyes Bustamente était un homme honnête. Relativement. Mais il savait que les gens pour qui il travaillait ne l'étaient pas et que, s'il ne jouait pas franc-jeu avec eux, on risquait de retrouver son corps dans un fossé, troué comme une passoire. Sitôt les deux inspecteurs partis, il avait prévenu l'homme qui le payait et lui donnait des ordres : Chavez. Chavez à son tour avait averti Constanzo de la visite des deux policiers.

El Padrino avait été furieux. Il avait vertement tancé Little Serafin, mais d'un autre côté il pouvait difficilement lui en vouloir : la faute du jeune truand n'était-elle pas de lui avoir trop fait confiance ?

Trois jours après que Serafin eut forcé le barrage, les policiers qui commençaient à trouver le temps long décidèrent de brusquer les choses et firent une descente au ranch. Ils n'avaient pas de mandat et ne purent donc fouiller comme ils l'auraient aimé. Un entrepôt attira leur attention, mais les portes en étaient fermées. Domingo Reyes leur affirma qu'il était vide. Les policiers repartirent et reprirent leur veille, espérant que leur action allait faire bouger les choses.

Effectivement, depuis sa chambre dans un motel de Brownsville, Constanzo organisa l'évacuation de la tonne de marijuana qui se trouvait dans l'entrepôt. Trois cent mille dollars de marchandise. L'opération était prévue pour la nuit du 8 au 9 avril.

Le fait que la police ait l'œil sur les lieux n'inquiétait personne. El Padrino affirma à ses troupes que tout se passerait bien. Il procéda à une cérémonie afin de s'assurer de la bienveillance des dieux, et dans la nuit du 8, comme prévu, les gangsters entreprirent de faire traverser le Rio Grande à leur cargaison.

Les policiers mexicains surveillant les lieux, on se déplaça légèrement, jusqu'à un endroit qu'ils ne pouvaient voir depuis leur cachette.

Du côté américain, les douanes avaient été informées qu'une cargaison de marijuana transiterait cette nuit-là. L'endroit exact leur avait été précisé. Sur la rive texane du Rio Grande, des policiers attendaient les trafiquants de pied ferme.

La nuit s'égrena lentement. Lorsque l'heure indiquée par leur informateur fut dépassée, les policiers décidèrent qu'une fois de plus le tuyau qu'on leur avait refilé était crevé. Ils rentrèrent se coucher.

Les trafiquants patientèrent encore une demi-heure pour être sûrs qu'il ne s'agissait pas d'une ruse. Après quoi une tonne de marijuana traversa la frontière, et trois cent mille dollars changèrent de main.

Juan Benitez, pendant ce temps, était rentré de son stage avec une liste de noms et de numéros de téléphones. La Chevrolet était immatriculée au nom d'une société Hernandez Inc. Son téléphone cellulaire était enregistré au même nom. En creusant un peu, on en avait fait ressortir une dizaine d'autres appartenant à la même compagnie. Tous avaient été mis sur écoute, et le matin du dimanche 9 avril, Benitez surprit une conversation où le jeune Serafin — encore lui — se vantait d'avoir berné la police la nuit précédente et évoquait l'opération sans se cacher. Il indiqua qu'il se rendait chez son oncle Elio.

Benitez en avait entendu assez. Le fait qu'une tonne de marijuana soit passée sous le nez de ses hommes dut l'énerver. Il envoya deux inspecteurs arrêter Serafin à l'adresse qu'il venait d'indiquer.

On le cueillit alors qu'il ressortait en compagnie d'un autre membre du gang, David Serna. Profitant de l'occasion, les policiers fouillèrent la maison où ils trouvèrent plusieurs armes. De quoi procéder à quelques inculpations, puisque la possession d'armes au Mexique est réglementée. Il n'y avait personne d'autre. On laissa quelques hommes en planque à proximité, et les deux suspects furent conduits au ranch Santa Helena, où l'on contraignit Serafin à ouvrir l'entrepôt. Là où la veille encore se trouvait une tonne de marijuana, ne restaient plus à présent que quelques sacs (29 kg en tout) et d'autres armes.

Il n'y avait personne au ranch : Chavez, qui se trouvait dans un champ, avait filé en les voyant arriver et s'empressa de faire prévenir Constanzo. Les policiers repartirent avec leurs deux prisonniers et les pièces à conviction qu'ils venaient de saisir.

Tandis qu'ils revenaient à Matamoros, Elio, qui rentrait chez lui en compagnie de Sergio Martinez, fut arrêté sans que soit tiré un seul coup de feu, et les deux truands retrouvèrent leurs comparses dans le bureau de Juan Benitez Ayala.

Ce dernier fut surpris par l'attitude des gangsters. L'interrogatoire dura plusieurs heures mais fut plus pénible pour les policiers que pour les truands qui semblaient beaucoup s'amuser. Juan Benitez Ayala éprouva des difficultés à établir le dialogue avec ces hommes qui ne le craignaient pas et pensaient que tout allait s'arranger, que la magie allait les sortir de ce mauvais pas. On lui rit au nez. On se croyait toujours invulnérable. Elio Hernandez lui proposa même de tester leur puissance en lui tirant dessus. Il n'avait aucun doute que les balles du policier rebondiraient sur son corps protégé par la magie de Constanzo.

Les truands plaisantaient. Ils affirmaient qu'ils ne resteraient pas longtemps derrière les barreaux, qu'on ne pouvait rien contre eux. Les gangsters furent reconduits en cellule tandis que les policiers rentraient chez eux, perplexes.

Le lendemain Domingo Reyes Bustamente, le gardien du ranch, fut arrêté à son tour. Les policiers comprirent très vite qu'il ne participait pas au trafic de drogue et n'avait guère de contacts avec les truands. Il ne partageait pas leurs secrets et ne savait qu'une chose vraiment importante : il avait vu sur le ranch le jeune homme dont on lui avait montré la photo, ainsi qu'on l'avait fait systématiquement pour toutes les personnes interrogées ces deux derniers mois.

C'était celle de Mark Kilroy.

CHAPITRE XV

Dès que le gardien du ranch eut reconnu Mark Kilroy, l'interrogatoire des autres suspects prit une tournure plus désagréable. Si la veille on s'était contenté de discuter, le lundi on passa à des méthodes plus coercitives et les suspects commencèrent à se poser des questions. Ils ne comprenaient pas qu'on ait pu les découvrir. Comment se faisait-il que la magie de Constanzo ne les ait pas protégés ? Benitez se chargea de leur démontrer qu'ils vivaient sur des illusions. Sans aller jusqu'à leur tirer dessus pour leur montrer que leur invulnérabilité n'existait que dans leur imagination, les policiers utilisèrent les techniques qui avaient fait leur (mauvaise) réputation depuis des années. Les coups commencèrent à pleuvoir. La douleur rend loquace et les jeunes truands n'apprécièrent guère le traitement. Une des tortures favorites de la police mexicaine consiste à agiter une bouteille d'eau minérale gazéifiée à laquelle on a mêlé un peu de tabasco, pour l'appliquer ensuite sous les narines de la victime. La douleur est insupportable[1]. Ce traitement est très dangereux et peut provoquer la cécité ou la surdité, voire des lésions au cerveau.

Dans ces conditions, les suspects ne tardèrent pas à raconter tout ce qu'ils savaient. Et ce d'autant plus volontiers qu'ils demeuraient persuadés qu'il s'agissait d'une erreur, qu'ils étaient invulnérables, et que la magie de leur chef allait les tirer de là.

Little Serafin fut le premier à craquer mais les autres suivirent très vite. Ils avouèrent être des trafiquants de drogue, et ils reconnurent que le jeune Américain avait été enlevé par leur gang pour être sacrifié afin d'obtenir la protection des dieux.

La description de la mise à mort de Mark Kilroy au cours d'une cérémonie où il fut battu, torturé, sodomisé avant que Constanzo lui fracasse le crâne d'un coup de machette souleva le cœur des policiers. Néanmoins, ils devaient être certains qu'on leur racontait la vérité, qu'il ne s'agissait pas d'affabulations. On fit répéter aux prisonniers ce qu'ils venaient de déclarer. Et répéter encore. Les récits se suivaient, et concordaient.

Procédant à une banale opération de lutte contre les trafiquants de drogue, Juan Benitez Ayala venait de résoudre une affaire qui mettait en péril les relations internationales du

1. Les Mexicains n'ont rien inventé en ce domaine, cette torture était déjà connue des Romains qui utilisaient du vinaigre versé dans les narines pour faire parler leurs prisonniers.

Mexique, dévoilant au passage l'existence d'un culte pratiquant le sacrifice humain. La police venait de découvrir par hasard l'existence de la secte dirigée par El Padrino, contre lequel un mandat d'arrêt fut aussitôt lancé.

Après des heures d'interrogatoire, les policiers renvoyèrent les prisonniers dans leurs cellules.

Le matin suivant, équipés de gilets pare-balles et d'armes automatiques, les policiers se rendirent sur les lieux. Ils avaient prévenus leurs homologues américains, et trois hommes — un représentant du bureau du shérif et deux agents des douanes — se trouvaient là.

Un autre personnage faisait également partie de l'expédition. Il s'appelait Eluterio, n'était pas armé et paraissait relativement inoffensif. Il n'avait pas les menottes aux poignets, contrairement à Little Serafin, et les policiers faisaient preuve envers lui d'un grand respect.

Sur le ranch, le truand montra le chemin jusqu'à une baraque de six mètres sur cinq dont on força la serrure. A l'intérieur régnait une puanteur abominable. Les policiers aperçurent un autel grossier de blocs de ciment disposés en arc de cercle, entouré de cierges. Le sol était constellé de mégots de cigares. Les Mexicains n'avaient pas besoin d'un cours d'occultisme pour savoir de quoi il s'agissait. Quant aux Américains, ils venaient de comprendre.

Des taches de sang constellaient les murs et

l'autel, sur lequel avait fondu la cire de bougies à l'effigie de Notre-Dame de la Guadeloupe. Dans un coin, les enquêteurs découvrirent un nid fabriqué à partir de cheveux humains. Du fond d'un bol, un œil de chèvre les fixait d'un regard torve. Une machette à la lame maculée de sang séché était posée contre un mur. Tout près d'elle se trouvaient un rouleau de ruban adhésif destiné à étouffer les hurlements des victimes et le fil de fer avec lequel on leur liait les poignets.

Tout cela fut mis à jour plus tard, quand ils purent examiner les lieux, ce qui leur fut tout d'abord impossible à cause de l'odeur provenant d'un gros chaudron de fonte posé sur le sol devant l'autel. Refusant de le toucher, les policiers contraignirent Little Serafin à le sortir. Après quoi on laissa ouverte la porte de la cabane pour tenter d'aérer, sans succès.

Dehors, le chaudron attirait les mouches. Dominant leur répulsion, les policiers examinèrent son contenu. Le brouet contenait toutes sortes d'ingrédients, dont certaines herbes aromatiques utilisées en cuisine. Parmi les morceaux de poulet, les bouts de cigare, les cheveux, les plumes et têtes de coqs, les carapaces de tortues, la carcasse d'un chat noir... surnageait une matière grisâtre à l'aspect particulièrement répugnant. Il ne fallut pas longtemps pour découvrir de quoi il s'agissait : une cervelle humaine.

C'était celle de Mark Kilroy.

Sous l'œil froid d'un caméscope, les policiers sortirent quelques pièces à conviction, dont la machette qui avait servi à tuer l'étudiant.

Après quoi Juan Benitez Ayala fit signe à Eluterio qu'il pouvait commencer.

Eluterio était un *curandero*, un sorcier.

Il se mit à danser autour de la baraque en jetant du sel, des huiles et des poudres diverses, tout en psalmodiant des incantations et en faisant nombre de signes de croix. Il pénétra à l'intérieur, et la tension monta d'un cran parmi la petite troupe. Les policiers assurèrent leur prise sur leurs armes. Les yeux fixés sur la cabane où avait disparu le *curandero*, tous attendaient.

On l'entendait briser tout ce qu'il pouvait, s'acharnant sur les bouteilles censées contenir les mauvais esprits attirés par Constanzo et ses disciples.

Finalement, le vieillard ressortit. Il fit deux ou trois fois le tour de la cabane puis s'éloigna en adressant un signe aux *federales*. Tout allait bien. On pouvait fouiller.

Cela peut sembler bizarre, mais Juan Benitez Ayala ne faisait que suivre ce que lui avait enseigné sa culture. Portant dans les poches et autour du cou ce que des Européens qualifieraient de *gris-gris*, Benitez est le pur produit d'une éducation mixte, reposant à la fois sur la culture américaine et sur une autre, millénaire, remontée du plus profond de l'Amérique centrale, à laquelle s'était mêlé le catholicisme apporté par les conquistadores espagnols. Pour lui, la Santeria était une religion à part entière, et on ne pouvait pas jouer avec les esprits et les démons. Si le ranch Santa Helena avait été utilisé à des fins de sorcellerie, il convenait de « nettoyer » l'endroit, comme on déminerait un champ, avant d'y mettre le pied. La cérémonie n'avait d'ailleurs donné envie de rire à personne et les policiers présents regrettaient tous d'être de service ce jour-là.

Oran Neck arriva sur ces entrefaites. Il assista donc à la deuxième partie de l'opération, moins agréable encore.

Little Serafin avait dit que Mark Kilroy était enterré près de la cabane. On le poussa sans ménagement dans la direction indiquée, jusqu'à un morceau de fil de fer dépassant du sol. L'étudiant reposait là, sous quelques pelletées de terre. Le fil de fer avait été glissé dans sa colonne vertébrale. Les membres du culte attendaient que la décomposition ait fait son œuvre pour tirer dessus, et extirper de la terre les vertèbres du jeune homme qui auraient alors formé un puissant collier protecteur, comme ceux que portaient déjà certains d'entre eux.

On déterra le corps de Mark. Il avait été mutilé. On lui avait arraché le cœur, et tranché les jambes. « Est-ce que cela faisait partie du rituel ? » demanda Benitez Ayala. Non. C'était pour l'enterrer plus facilement. Le cadavre était méconnaissable. Il faudrait avoir recours au dentiste de Mark pour l'identifier sans doute possible.

Regardant alentour tandis que l'on exhumait l'étudiant, Benitez remarqua d'autres tumulus. Ce ne fut qu'à cet instant qu'il comprit. Mark n'était pas la seule victime.

En tout, ce furent huit tombes contenant douze cadavres que le prisonnier désigna aux enquêteurs. Certains des cadavres avaient été décapités. Pour d'autres on s'était contenté de leur ouvrir le crâne d'un coup de machette afin d'en extraire la cervelle. Quelques-uns avaient eu le cœur arraché, d'autres non...

Très vite, la nouvelle de la découverte des cadavres se répandit et les médias accoururent. On commença à spéculer sur ce qui s'était passé dans ce ranch. La présence du chaudron fit que l'on évoqua la possibilité du cannibalisme, pour repousser très vite cette hypothèse en affirmant que le chaudron n'avait eu qu'une fonction magique, et qu'il n'avait jamais été question d'anthropophagie. Les autorités mexicaines cherchaient d'ailleurs à minimiser le plus possible l'affaire, de façon à éviter une publicité qui ne pouvait que nuire au tourisme de la région.

Ce même mardi, la police effectua une descente chez Sara Aldrete, dans l'espoir d'y trouver Constanzo. Israel Aldrete, le père de Sara, fut très surpris et protesta de l'innocence de sa fille. Il ne l'avait pas vue depuis le samedi : elle était passée prendre quelques affaires et avait disparu. Il ouvrit la porte de l'appartement de sa fille... et se tut.

Il n'avait pas mis les pieds dans cette pièce depuis qu'il en avait donné la clef à Sara. Il pensait trouver une chambre, il entrait dans le repaire d'une sorcière. Le fond était occupé par un autel maculé de sang. Des effigies de saints étaient accrochées un peu partout ainsi que diverses amulettes, sans parler des cierges et des statues. Lui qui n'avait jamais soupçonné l'intérêt de sa fille pour l'occulte, il découvrait brusquement qu'il avait affaire à une pratiquante convaincue de la Santeria, et peut-être d'autres religions plus maléfiques.

Les taches de sang sur l'autel montraient que Sara avait pratiqué, au mieux, des sacrifices d'animaux... On prétendit avoir retrouvé chez elle des photos d'enfants et des vêtements de bébé. Ce ne fut jamais évoqué dans l'accusation. Affabulation de journalistes, ou bien volonté des autorités d'étouffer au maximum une affaire qui donnait déjà une bien mauvaise réputation au Mexique ? Au ranch Santa Helena, on avait retrouvé des chaussures d'enfants. Un petit crâne, peut-être celui d'un enfant, que la police avait fait disparaître avant que la presse puisse le photographier, avait été découvert dès le premier jour dans le *nganga*[1]. Il est peu vraisemblable en tout cas que ces vêtements aient été déposés par la police ainsi qu'on l'a prétendu : la tendance était plutôt de minimiser les découvertes que d'en rajouter.

Après l'exhumation des premiers cadavres, Martinez Salinas se mit en avant. Il affirma que les cadavres déterrés n'étaient pas les seuls et qu'il en existait d'autres. On le condui-

1. Little Serafin a mentionné une victime âgée de seize ans. Aucun cadavre correspondant à cette déclaration n'a été mis à jour.

sit donc sur les lieux le 13 avril et là, devant un car de journalistes japonais qui arriva en même temps, il désigna un emplacement où, disait-il, se trouvait un treizième corps.

Les policiers lui tendirent une pelle. C'était sans doute l'une des rares fois de sa vie où il maniait un outil. Tout en creusant, il répondait aux questions que lui jetaient les journalistes.

— Je n'ai tué personne, affirma-t-il. J'ai aidé à les kidnapper, et je les ai enterrés. Mais c'est tout. Je n'ai vraiment tué personne.

Cette fois la tombe était profonde. Enfoncé dans le sol jusqu'à mi-cuisses, les lèvres pincées sous une fine moustache noire, Salinas suait à grosses gouttes sous le soleil. Autour de lui, les policiers armés de fusils automatiques montaient la garde. Plus loin, retenus par une barrière interdisant l'accès aux fouilles, les journalistes japonais mitraillaient à grands renforts de Nikon, le bas du visage protégé par des masques chirurgicaux pour filtrer l'écœurante odeur.

Une puanteur abominable commença à émerger de la fosse. Un pied et un genou apparurent en premier. Complètement pourris. Martinez hoqueta et sortit de la fosse. La puanteur était insupportable.

D'un signe de tête, l'officier commandant les fédéraux lui enjoignit de reprendre sa tâche. Le jeune truand demanda un masque. Un journaliste japonais lui tendit le sien, et le Mexicain le prit sans que les fédéraux interviennent. Il se remit à l'ouvrage. Mais il était à bout de forces. Peu habitué aux efforts physiques, il était anéanti par celui qu'il venait de fournir, auquel s'ajoutaient la chaleur et l'odeur. Bientôt, il fut évident qu'il ne parviendrait pas au bout. On l'autorisa à sortir de la fosse et deux policiers le remplacèrent. En quelques minutes le treizième cadavre fut extirpé du sol. Son crâne avait été fracassé et son visage était méconnaissable. Un bâillon se trouvait toujours enfoncé dans sa bouche. Le corps avait été mutilé. Le sexe avait été coupé, et la poitrine ouverte pour en arracher le cœur.

On enveloppa les restes macabres dans un sac de plastique qui permit de contenir les odeurs. Ce serait le dernier cadavre découvert sur le ranch. Treize morts. Douze hommes, un adolescent.

Juan Benitez Ayala déclara que c'était tout. On lui prêta un temps l'intention de faire venir des engins de chantier pour retourner le terrain autour de la cabane et voir s'il mettait à jour d'autres charniers, mais il ne le fit pas. Il se satisfaisait de ces treize corps. Il n'y en avait pas d'autres. C'était la version officielle. Cette même version qui voulait qu'il n'y ait jamais eu de sacrifices d'enfants.

Le nombre de cadavres imputables au gang de Constanzo ne s'arrêterait cependant pas là. Une semaine plus tard, Hidalgo Castillo en découvrirait deux de plus sur une autre propriété à quelques kilomètres de là. Castillo, âgé de soixante-dix-sept ans, recherchait son fils depuis plusieurs mois. Ainsi qu'on l'a vu,

Moises Castillo Vasquez, cinquante-deux ans et résident à Houston, avait disparu alors qu'il venait jeter un coup d'œil sur sa récolte de marijuana à Matamoros. Lorsqu'il entendit parler des cadavres découverts au ranch Santa Helena, Hidalgo Castillo se souvint que des gamins lui avaient affirmé avoir vu des hommes enterrer deux cadavres au bord d'un champ. Il ne leur avait pas prêté attention, pensant qu'ils fabulaient. La mise à jour de ces treize corps lui donnait à réfléchir. Il se rendit à l'endroit indiqué par les enfants et découvrit les restes de son fils et de son ami, Hector de la Fuente, abattus par balles. Les deux hommes étaient pieds et poings liés et avaient été jetés dans la même fosse hâtivement creusée, victimes d'une de ces opérations au cours desquelles Constanzo estimait préférable d'abattre ses fournisseurs plutôt que de les payer.

Ces découvertes faisaient la une de tous les quotidiens et de nombreux officiels réagirent. Le maire de Matamoros et son conseil municipal adressèrent une lettre ouverte au Président Salinas, pour lui demander que tout soit mis en œuvre afin de punir les responsables de ce massacre.

Pendant ce temps, l'interrogatoire des membres du culte se poursuivait. Ils parlaient librement, toujours certains de l'impunité que leur conféraient les pouvoirs magiques de Constanzo. Ils n'hésitaient d'ailleurs pas à le nommer. Les noms de Constanzo et de Sara Aldrete étaient célèbres dans tout le Mexique et une bonne partie des États-Unis.

Sergio Martinez Salinas admit sa culpabilité mais nia avoir tué qui que ce soit.

C'était également la ligne de défense adoptée par Hernandez Garcia qui rejeta tous les meurtres sur Constanzo et sur Sara Aldrete, la grande prêtresse du culte. Garcia affirma qu'il pensait simplement que le groupe suivait une religion particulière. Il avait adhéré sans savoir dans quoi il mettait le doigt. Lorsqu'il avait appris l'existence des meurtres, il était trop tard. Il était trop engagé, et devenu complice avant même de le savoir. C'est vraisemblable. On a vu que Constanzo prenait soin de mener progressivement ses adeptes d'un échelon à un autre, leur dévoilant peu à peu la réalité qui se cachait derrière les allures de Santeria et de sa secte.

Les gangsters arrêtés affirmaient n'avoir tué personne et désignaient le couple comme responsable de tout. Faut-il voir là la volonté de se dégager des accusations portées contre eux, ou bien l'expression de la vérité ? Il est probable que Constanzo ait commis la plupart des meurtres rituels. Il était le grand prêtre de cette religion dévoyée qu'il avait lui-même mise au point en amalgamant diverses pratiques provenant de cultes différents. La secte n'avait pour but que de lui permettre d'affirmer son pouvoir sur les autres tout en donnant libre cours à son sadisme. Il est donc vraisemblable qu'il ait voulu en profiter au maximum, ne laissant à autrui le plaisir de l'acte final qu'en de rares occasions, notamment lorsqu'il voulait qu'un de ses disciples s'implique et se compromette davantage (ce qui fut le cas lorsque Elio sacrifia le jeune garçon qu'il reconnut ensuite comme son cousin). Ceci, pourtant, ne diminue en rien la responsabilité des autres membres du culte qui tous ont participé de près ou de loin aux cérémonies et aux meurtres rituels, ou ne pouvaient en ignorer l'existence.

Le mercredi 12 avril, dans la cour de la prison, la police mexicaine présenta les suspects à près de trois cents journalistes, principalement des Américains et des Mexicains, mais également des Japonais et des Européens, qui purent les interroger directement. Une telle cérémonie est impensable aux États-Unis où elle aurait suffi à créer un vice de forme dans le procès. Mais il n'y a pas de jury au Mexique, et donc pas de jurés que l'on risque d'influencer.

Les bras entravés dans le dos, les quatre prisonniers furent présentés aux journalistes sur un balcon surplombant la cour de la prison.

— J'ai torturé une personne, admit Elio Hernandez, mais les autres mutilations ont été faites après la mort des gens. Les gars poignardaient les cadavres, c'est tout, mais ils étaient déjà morts. Des journalistes ont dit que nous avions bu du sang et mangé les corps, mais c'est un mensonge, ça ne s'est pas passé comme ça.

Un journaliste demanda à Elio s'il avait tué deux des hommes.

— Je n'ai pas nié les avoir tués, répondit

Elio. El Padrino les a amenés dans la baraque au ranch et m'a dit de venir. Quand je suis entré, il m'a dit : « Tue-les », alors je les ai tués.

Elio reconnut également avoir tranché la tête de son cousin. Interrogé sur les raisons de son obéissance à Constanzo, il répondit que c'était pour obtenir une protection contre les balles. Il exprima du regret pour ce qu'il avait fait, mais il est difficile de dire s'il regrettait ses actes en eux-mêmes, ou son emprisonnement.

Benitez Ayala suscita une vive émotion parmi les journalistes en ouvrant la chemise d'Elio pour dévoiler les marques sur sa peau indiquant sa qualité d'exécuteur.

Après ces quelques jours d'interrogatoire, Elio n'avait pas l'air en grande forme. Son visage était contusionné et sa lèvre fendue. Lorsqu'un journaliste lui demanda ce qui lui était arrivé, il éclata de rire.

— Je me suis donné un coup de poing ! répondit-il.

Les autres n'avaient pas grand-chose à ajouter. Ils précisèrent que Mark Kilroy avait été tué vers 3 heures de l'après-midi le lendemain de son enlèvement.

Little Serafin, l'étudiant en droit, qui avait sans doute senti le vent tourner, tenta de se défiler. Il reconnut avoir surveillé quelques chargements de marijuana, un crime mineur au regard de tout ce que l'on reprochait à la bande, mais nia toute participation aux meurtres :

— Je n'ai jamais tué personne et je n'ai jamais fait passer de drogue à la frontière.

— Et Kilroy ? demanda une journaliste. Avez-vous kidnappé Mark Kilroy ?

— Oui.

— Pourquoi ?

— Ils m'avaient dit de trouver un Blanc, un étudiant assez jeune. Je savais que Kilroy serait tué et utilisé dans un sacrifice. Je l'ai fait parce qu'ils me l'ont ordonné. Sinon ils m'auraient fait quelque chose. Nous avions tous peur. Mais je ne l'ai pas tué. C'est notre *Padrino* qui l'a tué. Avec une machette. D'un seul coup de machette. Je ne l'ai pas vu.

Peu après, Domingo Reyes revint à la prison demander la protection de la police. Il niait toute participation dans les meurtres mais craignait que les membres du gang encore en liberté le fassent assassiner.

Le vendredi 21 avril, les cinq prisonniers furent conduits sous bonne garde devant le juge. Pour l'occasion, des précautions extraordinaires avaient été prises. On avait bloqué les rues entourant le palais de justice, et des policiers armés de fusils à pompe montaient la garde dans tous les coins.

Les quatre truands furent inculpés de meurtre, kidnapping, trafic de drogue, possession d'armes prohibées, inhumations illégales, usurpation d'identité.

Le gardien du ranch, Reyes, fut quant à lui inculpé de complicité de meurtre malgré ses proclamations d'innocence.

« — Comment peut-on être si près de gens

se faisant assassiner et ne rien en dire ? s'interrogea Benitez Ayala devant la presse. Apparemment, il y a eu un certain nombre de coups de feu de tirés, mais Reyes affirme n'avoir rien entendu. »

Le juge Salvador Perez les inculpa tous, et définit la règle selon laquelle se déroulait un procès mexicain :

« — Ils sont à présent présumés coupables des crimes et doivent prouver leur innocence.[1] »

La justice avait entamé sa procédure. Le procès se déroulerait principalement par l'intermédiaire d'avocats qui déposeraient des mémoires et des contre-mémoires devant le juge.

Reyes pouvait être libéré sous caution. C'était impossible pour les autres. La loi mexicaine s'appuie en la matière sur un système assez simple : on additionne les années de peine encourues par le prévenu (peine minimum plus peine maximum), et le total est divisé par deux. Si le résultat est inférieur à cinq, il est possible de payer une caution. Sinon, on reste en prison jusqu'au jugement.

La peine de mort n'existe plus au Mexique. La condamnation maximum est de cinquante ans. Par contre, il n'y a pratiquement jamais de libération sur parole. Une condamnation à cinquante ans de prison signifie en général cinquante années derrière les barreaux.

Le 23 avril, Juan Benitez Ayala porta un

1. Toute ressemblance avec la justice française n'est pas fortuite : les Mexicains eux aussi ont hérité du Code Napoléon.

coup fatal à Constanzo. La baraque où il avait pratiqué ses sinistres cérémonies se dressait toujours dans son champ, et le chaudron maléfique était toujours devant sa porte, empuantissant l'atmosphère. Benitez avait décidé qu'il n'avait plus besoin ni de l'un ni de l'autre. Deux spécialistes de l'occulte envoyés par le FBI se trouvaient sur place. On les avait prévenus qu'ils disposaient de quarante-huit heures, après quoi on brûlerait l'endroit.

Le dimanche matin, cinq voitures chargées de *federales* se rendirent au ranch Santa Helena où se trouvait déjà Tony Zavaleta. Anthropologue, Zavaleta était intéressé à plus d'un titre par ce qui s'était passé là : d'une part c'était son métier que d'étudier les religions, aussi bizarres fussent-elles, et d'autre part il avait eu parmi ses étudiantes une belle Mexicaine du nom de Sara Aldrete. Il était venu filmer les lieux et s'apprêtait à repartir lorsque les policiers arrivèrent.

Il fut assez surpris de les voir débarquer. On le fit s'écarter, mais il put demeurer sur place et observer ce qui se passait, à condition de ne rien filmer. Il remit discrètement sa caméra en marche et, la coinçant sous son bras comme si elle était éteinte, il la dirigea en pivotant de tout son corps à chaque fois que c'était nécessaire, filmant ainsi l'intégralité d'une scène digne d'un film d'horreur.

Juan Benitez Ayala se trouvait là, de même que les deux agents du FBI : Raphael Martinez, un anthropologue d'origine cubaine, et Candice Leek, spécialiste des crimes ayant un rapport avec l'occulte. Un autre personnage les accompagnait : Eluterio, qui avait déjà procédé à l'exorcisme quelques jours plus tôt. Il était suivi d'un jeune assistant, qui tenait précieusement serrée contre lui une boîte en carton dans laquelle il jetait parfois des regards inquiets.

Le plus gros de l'ouvrage ayant été fait lors de sa première expédition, Eluterio, cette fois, ne s'embarrassa pas de préambules. Prenant l'un des jerrycans apportés par les policiers, il courut jusqu'à la cabane dont il arrosa les murs d'essence. Lorsque le jerrycan fut vide, il en prit un autre. Puis un autre. On ne laissait rien au hasard. Il avait abandonné le costume de cérémonie et portait une paire de tennis Nyke, qui lui permettraient de courir plus vite au cas où les démons auraient tenté de l'attraper.

Lorsqu'il jugea avoir suffisamment aspergé les lieux, il fit signe à l'un des *federales* qui ne se fit pas prier pour craquer une allumette. Une fumée noire monta dans le ciel tandis que la baraque s'embrasait.

Le *curandero* se signa et marmonna une prière. Il ne fut pas le seul. La gorge sèche, les policiers regardaient se consumer ce symbole du mal, s'attendant presque à en voir jaillir des démons hurlants prêts à s'emparer d'eux. Zavaleta, qui filma toute la cérémonie, dit par la suite que les policiers « semblaient s'attendre à voir apparaître une armée de Satan ».

La cabane desséchée ne mit pas longtemps

à brûler. Elle s'effondra sur elle-même, et son emplacement ne fut bientôt plus marqué que par un tas de cendres fumantes.

Sitôt après, Eluterio procéda de la même façon avec le chaudron, le brûlant avec son contenu. Puis il le frappa à plusieurs reprises, fuyant à toutes jambes après chaque coup. Aucun démon ne l'ayant saisi, il se rendit auprès de son assistant et regarda dans la boîte. La colombe blanche qu'elle contenait était toujours vivante, signe que la cérémonie avait réussi. Tout le monde soupira de soulagement.

Pour les policiers américains, cet acte était une hérésie. Les lois et les procédures américaines sont si compliquées que bien souvent des coupables sont libérés pour de simples erreurs de procédure dans la saisie des preuves qui les accablent. Les Mexicains les rassurèrent sur ce point : ils avaient tout filmé lors de leur précédente visite et ces preuves suffiraient.

Par la suite, la police mexicaine resta très discrète sur cette partie de l'enquête. Elle affirma même pendant quelques jours que la cabane avait été incendiée par des paysans superstitieux, et si le film de Zavaleta n'existait pas, sans doute serait-ce aujourd'hui la version officielle.

Tout le monde respira mieux dès que la cabane eut disparu.

En réalité, la cérémonie avait eu un double but. Effacer un endroit maudit, certes, mais surtout porter un coup direct à Constanzo. En détruisant son *nganga* et son « Église », on coupait ses liens avec le monde de l'occulte. Il lui serait beaucoup plus difficile de se servir de sa magie à présent qu'il était seul, en fuite, et que son « relais » avait disparu.

Peut-être cherchait-on aussi à faire disparaître certaines preuves avant qu'on les découvre, ou qu'on les identifie comme telles. Les crimes du gang étaient déjà assez monstrueux et l'horreur qu'ils avaient suscitée plaçait suffisamment le Mexique au premier plan de l'actualité pour qu'on ne désirât pas en rajouter...

On érigea une croix de bois sur l'emplacement de la cabane, et tout fut dit.

Le 25 avril, un grand jury à McAllen, au Texas, lança un mandat d'arrêt contre Adolfo Constanzo, Sara Aldrete, les quatre membres du culte détenus au Mexique et cinq autres personnes. Les motifs retenus étaient le trafic de drogue et le kidnapping de Gilberto Garza Sosa. Il s'agissait en fait de mandats d'arrêt « techniques », destinés à s'assurer qu'on pourrait garder les suspects si on les découvrait aux USA.

TROISIÈME PARTIE

CHAPITRE XVI

Constanzo avait donc été désigné comme le chef du gang et l'auteur de la plupart des meurtres commis au ranch Santa Helena. Juste après lui sur la liste des personnes recherchées figurait Sara Maria Aldrete Villarreal, l'étudiante dévouée, et Alvaro de Leon Valdez surnommé El Duby.

Tous trois étaient en fuite, ainsi que d'autres membres du culte. Car au fur et à mesure que l'on creusait, on s'apercevait que le gang était plus important qu'on ne l'avait tout d'abord supposé. Oran Neck déclara aux journalistes qu'il rassemblait peut-être deux ou trois douzaines de truands, dont la plupart n'avaient pas encore été arrêtés. La difficulté provenait de ce que la plupart des personnes recherchées n'avaient jamais eu affaire à la justice auparavant. On ne disposait donc pas de renseignements sur eux, et bien souvent pas même d'une photographie[1]. Neck compli-

1. C'était le cas d'El Duby.

menta largement les services de police mexicains, et principalement Benitez Ayala pour le travail accompli jusque-là. Gavito se joignit à lui, mais en précisant que seuls la Police Judiciaire Fédérale et Benitez Ayala avaient participé à l'enquête sur la disparition de Mark Kilroy, les autres services restant soigneusement à l'écart. Juan Benitez Ayala, quant à lui, eut le triomphe modeste et affirma que tout le mérite en revenait à ses hommes. Il n'apprécia guère, cependant, de voir Oran Neck et le shérif Gavito tirer la couverture à eux et se comporter comme s'ils avaient résolu l'enquête. Le policier mexicain était formel : Little Serafin avait été arrêté au cours d'une opération anti-drogue, pas parce que l'on recherchait Mark Kilroy.

— C'était la chance, répétait-il. Juste la chance.

Constanzo, pendant ce temps, se terrait.

Le 11 avril, il avait appris que la police avait effectué une descente au ranch Santa Helena. La nouvelle l'anéantit. C'était le signe que sa magie n'avait pas fonctionné. Alors même que ses hommes révélaient tout ce qu'ils savaient à la police, Adolfo rassemblait ses fidèles encore libres. En bon fils, il appela sa mère à Miami depuis le *Holiday Inn* de Brownsville. Il lui dit qu'il devait se cacher pendant quelque temps, et lui demanda de ne pas croire ce que la télévision et les journaux raconteraient. On l'accuserait de toutes sortes de mauvaises actions, mais il n'avait rien fait. Bien sûr, il ne pouvait pas se constituer prisonnier pour prouver son innocence, parce que la police mexicaine le torturerait.

Sara fit de même. Elle appela l'université pour prévenir qu'elle ne pourrait assister aux cours les jours suivants. Elle passa chez elle prendre quelques affaires, ainsi que son père le déclara par la suite, mais n'eut pas le temps de ranger ou dissimuler quoi que ce soit. Si elle détruisit quelque chose, ce dut être très petit et facile à faire disparaître, papiers, amulettes... Pour le reste, elle dut tout laisser en l'état de crainte que la police ne la surprenne.

Après quoi elle s'évanouit avec El Padrino, dans une luxueuse voiture neuve.

Peu après, une unité d'intervention fut constituée avec les efforts conjoints de la Police Judiciaire Fédérale Mexicaine, d'une équipe de policiers spécialement réunie aux USA, des autorités locales de toutes les villes de la frontière, de la Patrouille des Frontières, de la Drug Enforcement Agency, des services des douanes américaines et du FBI. Un tel déploiement de forces ne pouvait avoir qu'un seul résultat : les renseignements commencèrent à affluer de toutes parts. On avait vu les fugitifs à Miami, à Brownsville, à Mexico, à Guadalajara, à la Jamaïque, au Canada, et on disait même avoir reconnu Sara Aldrete au volant d'une voiture dans l'Illinois. En tout, on avait « vu » les fugitifs dans vingt-quatre États différents. Constanzo ayant des amis à Chicago, la police de cette ville fut alertée et se mit en quête de la Ford Taurus qu'il était censé conduire. La voiture était celle qu'Elio avait offerte à Sara.

— Nous avons des appels provenant de partout, commenta Oran Neck[1]. Des gens qui se disent experts en Palo Mayombe, des médiums, beaucoup de détectives amateurs qui prétendent tout savoir sur les adorateurs du diable. Tout le monde veut venir enquêter. Nous avons parlé à la presse du monde entier et recevons des bulletins et des fausses nouvelles de toute l'Amérique centrale et d'Amérique du Sud. Nous n'avons jamais vu un crime susciter autant d'intérêt que dans cette affaire.

Houston également était en alerte. On avait cru voir un lien avec Constanzo dans la saisie record des 436 livres de cocaïne du mois de juin. La présence sur les lieux d'un autel et d'objets de culte apparentés à la Santeria abondait dans ce sens. Constanzo avait été vu en ville où il avait effectué de gros achats, et lors de deux autres saisies de drogue, son nom avait été prononcé comme étant celui d'un des « propriétaires » possible. La police écumait les bars homosexuels où l'on savait qu'il avait ses habitudes, sans résultat.

A Miami, on cherchait du côté des banques où l'on pensait que Constanzo disposait d'importantes réserves.

A Mexico, la police enquêtait parmi les plus

1. Oran Neck se retira très vite de l'enquête. Une concurrence effrénée s'était engagée entre les différents services de police et des douanes, tant aux USA qu'au Mexique. Les douanes américaines ayant retenu un témoin sans laisser les autres services lui parler, elles s'étaient fait rappeler à l'ordre par la DEA et décidèrent qu'elles ne participeraient pas à la suite des opérations !

hautes couches de la population. On savait que Constanzo s'était fait toutes sortes de relations par ses activités de mage, et il était possible qu'il usât de celles-ci pour se dissimuler. Là également, on supposait qu'il disposait d'importantes réserves d'argent liquide et on ne pensait pas qu'il puisse avoir de problèmes de ce côté-là.

On écumait également les bas-fonds de la ville, où nombre d'indicateurs étaient certains de les avoir vus, mais sans grande conviction : après les découvertes effectuées au ranch, Benitez Ayala ne pensait pas que les barons de la drogue se compromettraient avec Constanzo. Il estimait plus probable que le truand avait fui en direction des États-Unis, de Miami notamment, où il disposait de relais pouvant lui permettre de disparaître. Cette opinion était partagée par Alex Perez, shérif du comté de Cameron :

« — Constanzo est trop brûlant. Je doute que des trafiquants de drogue au Mexique le protègent, c'est un charbon ardent. Tout le monde le cherche.[1] »

On apprit que Constanzo possédait plusieurs maisons et appartements à Mexico et dans ses environs, et la police les investit tour à tour en quête d'indices. La villa qu'il possédait dans les quartiers bourgeois d'Atziapan de Zaragoza était caractéristique de sa vie :

1. Oran Neck ayant déclaré à la presse qu'il était probable que les fuyards se réfugieraient à Miami où on les attendait, Constanzo, qui suivait avec attention les actualités, jugea plus prudent de rester au Mexique.

c'était une demeure immense, entourée de hauts murs. La grille d'entrée était une lourde porte de métal équipée d'une caméra, laquelle était reliée à un système permettant de tout surveiller depuis la maison grâce à cinq écrans vidéo. Placés aux points stratégiques sur le mur d'enceinte, des projecteurs s'allumaient automatiquement au moindre mouvement dans la rue.

Dans la maison, on découvrit des revues et vidéocassettes de pornographie homosexuelle, ainsi qu'un album contenant des photos de Constanzo et les noms de certains de ses amis, parmi lesquels Martin Quintana et Omar Ochoa. Cet album, qui tenait à la fois du journal intime et du manuel de rituels, classait les membres du culte. Constanzo lui-même s'était attribué le titre de *padrino* (parrain), Orea était désigné comme *palero mayor* (premier sorcier), certains comme simples *paleros*, d'autres encore comme « *rayados* » (marqués d'une flèche sur le corps) ou « *no rayados* ».

On mit également la main sur un billet d'avion usagé, ainsi que sur le sac et le passeport de Sara Aldrete, ce qui conduisit la police mexicaine à supposer que la jeune femme avait été tuée par son ex-amant. La descente de police surprit les voisins qui ne comprenaient pas comment une telle chose était possible : Constanzo avait emménagé là quelques mois plus tôt avec quelques amis « étudiants » et s'était toujours très bien comporté. On n'avait rien à lui reprocher : il n'avait même jamais amené de femme chez lui ! Le départ du groupe, dans la nuit du 11 avril, avait bien un peu étonné : ils avaient chargé des caisses dans une voiture, avant de disparaître.

La découverte de l'album — dont quelques pages seulement furent communiquées à la presse, ce qui laisse supposer que les autres mentionnaient des noms de personnalité en vue — permit d'identifier d'autres membres du gang. Deux autels tachés de sang[1] sur lesquels se trouvaient des restes d'animaux, et, dans le garage, des cibles trouées par des balles provenant d'armes de poing furent également découverts dans la villa.

A Mexico, dans l'appartement de Jalapa Street que louait Constanzo, on trouva un autre autel. Les domiciles d'Omar Francesco Orea Ochoa et de Martin Quintana Rodriguez furent également visités. Ils étaient vides, les deux hommes ayant fui avec El Padrino. On ne put qu'arrêter Maria Teresa Quintana, sœur de l'amant d'El Padrino et prêtresse supposée du culte. Elle ne savait pas grand-chose et n'avait appris l'existence des sacrifices humains que par la télévision. Elle ne se fit cependant pas prier pour révéler tout ce qu'elle pouvait, et notamment que Constanzo lui avait dit partir pour Miami.

Au Texas, la police avait effectué des descentes dans trois ranches où l'on avait cru

1. Rappelons que l'adepte du Palo Mayombe use de deux autels différents placés en des endroits éloignés de la maison, l'un pour la Santeria et l'autre pour accueillir les dieux plus sinistres de la Palo Mayombe.

reconnaître des signes d'activité illégale. Dans un ranch de La Gloria, on découvrit des traces de *brujeria*, mais rien qui permit de rattacher ces activités à celles du groupe recherché.

Le 17 avril, les Narcotiques américains arrêtèrent Serafin Hernandez Rivera, « l'oncle » d'Amérique des Hernandez. L'inculpation reposait sur la possession et l'importation de drogue. Il n'était pas soupçonné d'avoir participé aux activités du culte, mais en le mettant à l'ombre, la police privait Constanzo d'un soutien potentiel.

La police mexicaine désespérait de parvenir à un résultat. Le signalement et les photos de Constanzo ne donnaient rien. Il était trop commun. Des Mexicains âgés d'une trentaine d'années, bruns et beaux garçons, cela courait les rues. En revanche, il n'en allait pas de même de Sara dont la taille était peu ordinaire. Si elle n'avait pas été tuée, ainsi que le pensaient certains, elle serait la plus facile à repérer.

L'un des principaux artisans de la traque se nommait Ponce-Rojas. C'était le procureur régional de Mexico. Il n'avait pris ses fonctions qu'au tout début de 1989, après avoir exercé avec succès le métier d'avocat. Ce n'était pas de gaieté de cœur qu'il avait abandonné sa pratique pour un poste officiel, mais le sens du devoir l'avait emporté sur l'intérêt personnel.

« — J'avais le devoir de prendre ce poste, dit-il. Nous sommes engagés dans une guerre — une guerre contre le crime —, et en temps de guerre, le devoir est de servir sa patrie. »

L'affaire du ranch Santa Helena permettait à Ponce-Rojas de mettre un terme à nombre d'enquêtes restées sans solution depuis des années.

« — Nos hommes recherchaient cette bande depuis 1987, dit-il. Cette année-là, la police avait découvert les restes de six personnes assassinées au cours de ce qui semblait être un rituel, dans une usine sur la Calle Barcelona[1]. C'était longtemps avant que je prenne ce poste, mais d'après ce qu'on m'a dit, on avait trouvé des objets de culte sur les lieux, des symboles mystiques tracés avec du sang sur les murs, et tout ce genre de choses... Les corps étaient mutilés, coupés en morceaux par quelqu'un qui savait ce qu'il faisait[2] ; des membres, mains et pieds liés ensemble, avaient été jetés dans la rivière Zumpango. Les hommes d'affaires mexicains ont parfois recours à un prêtre pour bénir une entreprise, mais ces gens comptaient gagner de l'argent par un trafic de cocaïne dissimulée dans des extincteurs. Ils avaient appelé un groupe de satanistes pour mener une messe noire complète, jusqu'au sacrifice humain. Un an plus tard, nous avons eu le meurtre d'un travesti dans des circonstances similaires, quelqu'un appelé La Claudia, au 31 de la Calle Londres. La magie est en général sans danger. Quelquefois un animal est sacrifié, mais pas des gens. »

1. Il s'agit de l'assassinat des Calzada.

2. Si l'affirmation de Ponce-Rojas est exacte, Constanzo n'en était donc pas à son premier essai.

Cherchant toujours Constanzo, Ponce-Rojas envoya ses meilleurs hommes enquêter dans la Zona Rosa et le Mercado Sonora, lieu de rencontre de tous les sorciers et amateurs d'occulte de Mexico. C'est là qu'ils entendirent parler du « docteur Hindu », cartomancien et disciple du Cubain. Le docteur en question utilisait plusieurs noms en fonction des circonstances. L'un de ceux-ci était Jorge Montes, et il vivait Calle Londres. Les inspecteurs ne mirent pas longtemps à additionner l'ensemble : Calle Londres, c'était là qu'habitait La Claudia lorsqu'il avait disparu. On l'avait retrouvé démembré et l'homme qui avait signalé sa disparition avant d'identifier le corps s'appelait Jorge Montes. A l'époque, il avait été interrogé comme témoin et on ne l'avait pas soupçonné. Mais à présent qu'on savait qu'il s'agissait d'un sorcier disciple de Constanzo, la connexion était évidente. Il fut arrêté le 24 avril et inculpé du meurtre de La Claudia. Montes n'hésita pas à charger Constanzo.

CHAPITRE XVII

Le mardi 11 avril, les quatre fuyards se trouvaient en fait au *Holiday Inn* de Brownsville (en réalité personne ne sait qui les a vus là, le personnel a appris leur présence par l'intermédiaire des douanes américaines). Constanzo avait été inquiété par la visite de la police au ranch Santa Helena en début de mois. Il s'était donc tenu à l'écart, tout en envoyant ses hommes chercher la marijuana qui attendait d'être livrée. Puis il avait annoncé à Sara qu'ils allaient bientôt partir et demandé à Omar et à Quintana de ne plus se séparer de leurs passeports. Le 9 avril, Serafin lui avait annoncé que la drogue avait bien été livrée. Sara, passant à l'université, avait appris son arrestation. El Padrino avait alors rassemblé autour de lui ses fidèles encore libres. C'est ainsi que Sara, El Duby et Martin Quintana le rejoignirent. Constanzo, El Duby et Quintana prirent l'avion de concert pour Mexico, tout en annonçant à qui voulait les entendre qu'ils partaient pour Miami, ce qui égara un moment la police mexicaine. Sara, bien qu'elle ait elle-même réservé les billets d'avion, n'avait pas son passeport sur elle[1], ce qui provoqua la colère du Cubain. Elle retourna le chercher et suivit plus tard. Arrivée dans la capitale mexicaine, elle fut accueillie par Omar et Teresa Quintana, la sœur de Martin, qui la conduisirent jusqu'à l'appartement de la Calle Jalapa. De là, Constanzo contacta Maria del Rocio Cuevas Guerra (Karla). L'ancien mannequin était toujours amoureuse de lui mais son enthousiasme était tempéré par ce qu'elle venait d'apprendre à la télévision. Elle savait que Constanzo était recherché pour des crimes dépassant l'imaginable. Elle le crut donc d'autant plus volontiers lorsqu'il la menaça de les tuer, elle et ses deux filles, si elle ne l'aidait pas à se cacher.

Sous la menace, elle parcourut les petites annonces en quête d'un appartement.

Entre-temps, Constanzo qui sentait la police sur sa trace avait changé plusieurs fois de cachette — parfois quelques heures à peine avant l'arrivée de la police —, passant tout d'abord à son appartement, puis dans une grande propriété à la limite de l'agglomération de Mexico avant de s'éloigner jusqu'à un bungalow près du Popocatepelt — prêté en solution d'attente par le petit ami de Karla. De

1. Peut-être faut-il voir là la première tentative de Sara de lâcher le groupe. Sentant le vent tourner, il est possible qu'elle ait essayé de se dégager en douceur.

là, il revint à Mexico avec son équipe, pour occuper l'appartement que Maria del Rocio venait de louer pour eux.

Sara ne se faisait pas à cette vie de fugitifs. Elle vivait avec la peur au ventre. Constanzo sombrait dans la folie. Il ne lâchait plus son Uzi et allait jusqu'à dormir l'arme au poing. Il devenait paranoïaque, croyait que quelqu'un voulait le trahir. Sara, qui commençait à envisager sérieusement la question, sentait sa peur redoubler. Le Cubain, avec ses pouvoirs magiques, ne pouvait-il lire ses pensées ? Il lui avait dit à plusieurs reprises qu'il n'avait plus confiance en elle.

Lorsqu'elle lui avait annoncé qu'elle voulait rentrer chez elle, la réponse avait été claire :

« — Dans une boîte. Tu ne me quitteras que dans une boîte. Tu as la langue trop bien pendue pour que je te laisse partir. Je t'aurais déjà tuée si je savais quoi faire de ton cadavre. »

Quand elle se mettait à pleurer, il la giflait ou lui donnait des coups de pieds.

La jeune femme ne supporta pas longtemps ce régime. Elle fut prise de vomissements et cessa de s'alimenter.

Karla fut à nouveau mise à contribution. Elle appela une de ses amies médecin, Maria de Lourdes Guero Lopez. Celle-ci fut mise au courant de la situation : si elle ne venait pas en aide à Constanzo, Karla serait tuée ainsi que ses deux filles. Elle accepta.

Lorsqu'elle eut examiné Sara, elle trouva Constanzo qui l'attendait.

« — Je sais qui vous êtes, dit-il en lui rendant son sac à main et le carnet d'adresses qu'il y avait trouvé. Si vous prévenez la police, vous et votre famille vous mourrez tous ! »

La police étant ce qu'elle est au Mexique, le médecin ne prévint personne.

CHAPITRE XVIII

L'annonce de la découverte des cadavres avait traumatisé toute la région frontalière. Le fait que ces personnes aient été sacrifiées au cours de cérémonies s'apparentant à la magie noire et au satanisme réveilla de vieilles peurs latentes en chaque Américain depuis les procès pour sorcellerie menés à Salem au siècle précédent.

Les autorités locales en étaient bien conscientes, qui tentaient par tous les moyens de minimiser l'histoire et de la faire oublier. On a vu que les fouilles entamées au ranch Santa Helena avaient été arbitrairement arrêtées lorsque Juan Benitez Ayala avait « décidé » qu'il avait découvert tous les cadavres. Les bruits selon lesquels on aurait trouvé des vêtements d'enfants tachés de sang dans la chambre de Sara Aldrete avaient été aussitôt démentis[1]. La Chambre de Commerce de

1. Bien que l'on n'ait pas de preuve que des enfants aient été sacrifiés par la secte, il ne faut cependant pas perdre de vue que l'une des victimes n'avait que quatorze ans, et que le grimoire de Constanzo comportait la mention du sacrifice

Matamoros avait même lancé une série de spots publicitaires hâtivement composés pour vanter les mérites de la région et essayer d'attirer à nouveau les investisseurs qui commençaient à s'en détourner.

La désaffection des touristes avait un effet catastrophique sur l'immigration clandestine. Ne voyant plus arriver chez eux les dollars qui les faisaient vivre, nombre de Mexicains franchissaient la frontière pour aller les gagner du côté américain.

Parallèlement se développait une paranoïa qui faisait voir des adeptes de la secte à chaque coin de rue. Des bruits couraient, faisant état de menaces envers les enfants de la région. Dans trois petites villes proches de Brownsville, les parents se précipitèrent pour retirer leurs enfants des écoles. Quatre cents élèves furent ainsi brusquement ramenés chez eux le même jour. Le bruit s'était répandu que le gang allait lancer une opération d'envergure pour capturer une trentaine d'enfants qui seraient ensuite échangés contre les prisonniers. L'enquête permit de remonter jusqu'à la ville de Hemphill, petite bourgade de deux mille habitants où une mère de famille avait reçu un appel de sa belle-mère, qui avait entendu parler de cette éventualité. Prévenant immédiatement ses amies, elle avait déclenché une panique sans précédent dans la région. Les parents se téléphonaient

d'une fillette pour « changer la tête » d'une cliente, Maria Rosa, sans que l'on ait pu déterminer si cette cérémonie avait eu lieu ou non.

et, apprenant que tout le monde était au courant, en déduisaient que la menace devait être sérieuse. On découvrit finalement que toute l'histoire était une blague d'un goût douteux montée par un groupe d'étudiants. Se faisant passer pour des enseignants des collèges environnants, ils avaient téléphoné à plusieurs parents afin de les avertir du danger et leur demander de venir chercher leurs enfants.

La police reçut nombre d'appels anonymes, dont un qu'elle prit particulièrement au sérieux. Le 14 avril, une jeune femme affirmant être Sara Aldrete leur ordonna de relâcher immédiatement les prisonniers, et de cesser de traquer les fugitifs, faute de quoi des enfants seraient enlevés et brûlés vifs.

Elle appela à plusieurs reprises. On parvint finalement à remonter jusqu'à l'origine des appels. Ils provenaient d'un asile psychiatrique où la femme était enfermée.

Un peu partout aux USA, des psychologues annonçaient une recrudescence de l'occultisme. On désignait du doigt la musique pop et certains groupes dont l'inspiration paraissait directement relever du satanisme. C'était assez facile. Le rock-and-roll a toujours été considéré comme la musique du diable par les fanatiques religieux américains, et l'illustration de certaines pochettes de disques se réfère explicitement au satanisme. On prévenait les parents que leurs enfants étaient peut-être déjà des convertis sans qu'ils en aient conscience. On leur indiquait des signes supposés révélateurs : changement d'amis, consommation de drogues... Dans certaines écoles, on alla jusqu'à interdire le symbole de la paix, qui pouvait être interprété comme un signe satanique[1] !

A Pharr, une église brûla durant une nuit, et on parla aussitôt d'incendie criminel, cette église ayant eu la réputation d'avoir servi à des messes noires. En réalité, l'incendie était accidentel, et avait été causé par un court-circuit.

La télévision et les journaux à sensation faisaient leurs choux gras de cette histoire et chacun y allait de son émission ou de son article sur le satanisme et les sectes, contribuant à propager des informations erronées. L'aspect trafic de drogue était occulté, pour ne laisser voir que le côté meurtres rituels. Constanzo était présenté, suivant les cas, comme un trafiquant de drogue, un *Marielisto* (un des anciens prisonniers de droit commun que Fidel Castro avait mêlés aux émigrants à destination des USA lorsqu'il avait ouvert sa frontière en 1962), ce qu'il n'était pas, un playboy américain, un sorcier, un sataniste... ou un simple petit gangster sans envergure.

La religion des gangsters suscitait l'inquiétude et les spéculations. Qui étaient-ils ? Comment en étaient-ils arrivés là ? Sur quoi reposaient leurs croyances ?

La localisation des meurtres fit que l'on évo-

1. Dans le même ordre d'idée, une grande société américaine avait dû changer son logo au début des années 80, certains consommateurs estimant qu'il s'agissait d'un symbole satanique.

qua les Aztèques. S'agissait-il d'une secte qui avait survécu, ignorée de tous durant des siècles, dissimulée après que les Espagnols eurent tenté d'effacer du continent sud-américain toutes traces des religions antérieures à leur arrivée ? S'agissait-il d'une résurgence d'une de ces anciennes religions ?

La chose n'aurait rien eu d'impossible. Ne s'était-elle pas déjà produite vingt-cinq ans plus tôt ?

A l'époque, deux frères, Santos et Cayetano Hernandez (aucun lien de parenté avec les Hernandez impliqués dans les meurtres de Matamoros), avaient mis la main sur Yerba Buena, un petit village retiré de la région de Tamaulipas, et remis en vigueur les sacrifices humains pour favoriser les moissons, ainsi que les Aztèques les avaient pratiqués. Les traits communs entre les deux sectes étaient troublants : outre les sacrifices humains et la région où elles s'étaient développées, elles avaient pour dirigeants des homosexuels.

Les Aztèques ne furent cependant pas les seuls à pratiquer les sacrifices de sang sur le continent sud-américain. Les Mayas, eux aussi, avaient coutume de sacrifier du sang aux dieux, par des entailles à la langue, aux oreilles, ou aux parties génitales. Ils pratiquaient également les sacrifices humains en arrachant le cœur de la victime alors qu'il battait encore. Néanmoins, les Aztèques avaient porté cette pratique à son paroxysme, puisque certaines estimations font état de 20 000 personnes sacrifiées par an. Les prisonniers de guerre étaient considérés comme des victimes toutes désignées — ce qui explique d'ailleurs les guerres de conquêtes menées par les Aztèques —, mais il n'était pas rare que des esclaves soient utilisés pour des cérémonies peu importantes, tandis que femmes et enfants mouraient dans celles destinées à assurer la fertilité. Les croyances des Aztèques étaient que les forces du bien et du mal étaient en équilibre dans l'univers, et que le maintien de cet équilibre nécessitait des sacrifices aux dieux. De même, si l'homme désirait l'aide d'un dieu, il convenait que ce dieu soit nourri par l'homme. La théorie en vigueur était que le mets préféré des dieux était le cœur d'un homme, d'où l'importance des sacrifices humains[1]. Cette pratique était tellement ancrée dans les mœurs que, bien souvent, les victimes étaient consentantes et considéraient cela comme un honneur puisque non seulement elles étaient offertes au dieu, mais par le sacrifice elles *devenaient* ce dieu. Après le sacrifice, les membres de la victime étaient dévorés par les fidèles y ayant participé[2].

1. Avant de crier à la barbarie, il convient de noter que les Aztèques étaient horrifiés de voir que les Espagnols avaient coutume de brûler vif des condamnés, que ce soit pour un crime de droit commun ou pour hérésie.

2. Ce cannibalisme rituel avait une motivation nutritionnelle : compte tenu de la surpopulation, les couches sociales les plus basses étaient souvent frappées par la famine et n'avaient guère la possibilité de manger du gibier. Elles trouvaient donc là la viande et la graisse qui manquaient à leur équilibre. Les Espagnols ont d'ailleurs dû, devant l'absence de graisse, bouillir les corps des Indiens tués au combat afin de la

Dans le cas de Constanzo, les spécialistes sont formels : la religion qu'il avait pratiquée avec ses fidèles n'avait rien d'aztèque. Ses origines étaient afro-caribéennes.

Le public ne comprenait pas ce qui avait pu se passer. D'un journal à l'autre (et parfois même d'une édition à l'autre) la version des faits différait. On savait qu'il y avait eu des sacrifices humains, et que ces sacrifices avaient été perpétrés par une secte. On voulait comprendre et surtout on voulait savoir si cela ne risquait pas de se reproduire à côté de chez soi. Partout dans la région, l'occulte, le vaudou, le satanisme faisaient recette. L'université de Texas Southmost, qui avait programmé par hasard une série de conférences de trois jours sur le satanisme et l'occulte, fit salle comble. A Houston, une station de radio qui avait lancé une série de gags sur le Vaudou (donnez-nous le nom de la personne que vous n'aimez pas et nous lui jetterons un sort) annula précipitamment son « jeu ». Dans les vidéo-clubs, on s'arrachait *Envoûtés*, que les journaux avaient cité à tort comme la principale source d'inspiration de Constanzo. Certains commerçants affirmèrent l'avoir retiré de leur catalogue afin de ne pas profiter de la curiosité morbide qui entourait l'affaire de Matamoros.

Un groupe mexicain lança une chanson intitulée *Tragédie à Matamoros* qui gravit tranquillement les échelons du hit-parade.

récupérer pour panser leurs blessures et calfater leurs bateaux.

Les Kilroy, pendant ce temps, faisaient leur possible pour rapatrier le corps de leur fils. Selon la loi mexicaine, il fallait attendre trois jours. Marqués par le calvaire qu'ils venaient de vivre, les Kilroy n'entendaient pas patienter encore tandis que des inconnus conserveraient la dépouille de leur enfant. Dès le mardi soir, 11 avril, en compagnie de Gavito et d'Oran Meck, ils donnèrent une conférence de presse. Le message qu'ils firent passer était un message d'espoir. Ils avaient été soutenus dans cette épreuve par leur foi. Ayant appris que Mark avait été tué douze heures après son enlèvement, ils se consolaient en songeant qu'il avait eu le temps de prier et de se mettre en règle avec Dieu. Ils n'éprouvaient pas de désir de vengeance, seulement une grande tristesse. La mère de Mark annonça qu'elle prierait pour les meurtriers de son fils, pour qu'ils comprennent tout le mal qu'ils avaient causé.

A Matamoros, une centaine d'habitants en colère se réunirent le vendredi matin devant la mairie pour affronter le maire. L'opinion générale était que le Mexique commençait à ressembler à la Colombie, que la corruption régnait partout, et que les autorités, locales ou gouvernementales, n'avaient pas de véritable volonté d'y remédier. Ce qui provoquait le plus la colère des résidents locaux était de constater que les meurtres avaient pu se perpétrer sans que personne ne s'en inquiète, jusqu'à ce que les assassins s'en prennent à un Américain. Cette justice à deux vitesses les révoltait. Les officiels présents s'éclipsèrent rapidement, sous divers prétextes. Que répondre à ces paysans en colère qui ne revienne à reconnaître la justesse de leurs sentiments ?

Le corps de Mark ne fut pas rapatrié avant le vendredi 14 avril. Malgré les pressions, la bureaucratie mexicaine avait triomphé. On l'incinéra à Brownsville, et le samedi une messe fut dite à Santa Fe. Il avait fallu dresser des tentes autour de l'église pour accueillir les quinze cents personnes venues assister à l'office. La semaine avait été pluvieuse et des chapiteaux avaient été installés en prévision de nouvelles averses. Comme pour indiquer aux parents de Mark que leur calvaire était terminé, le soleil reparut durant la cérémonie qui se déroula sous un ciel dégagé.

CHAPITRE XIX

Le 6 mai, les policiers mexicains étaient à peine remis des émotions de la fête nationale qui venait de s'achever et du surcroît de travail que leur avaient occasionné les innombrables bagarres d'ivrognes. Ils continuaient néanmoins de rechercher les fugitifs, parallèlement à toutes leurs autres investigations. C'est ainsi que des inspecteurs arrivèrent dans le quartier de Cuauhtemoc pour enquêter sur la disparition d'une jeune fille de quinze ans, sans aucun rapport avec Constanzo et sa bande. La routine voulait qu'ils montrent systématiquement la photo des fugitifs, ce qu'ils firent. Parmi les personnes interrogées, certaines se souvenaient avoir vu une grande jeune femme, mais elle ne ressemblait pas à la photo de Sara Aldrete qu'on leur montrait : ses cheveux n'étaient pas artistiquement gonflés, elle était maigre — au cours de la cavale, Sara avait perdu près de dix kilos — et paraissait malade[1].

1. Sara avait été chargée de négocier avec un chirurgien

En elle-même, cette indication n'aurait pas suffi. Mais dans un supermarché tout proche, les policiers entendirent parler d'un homme au comportement bizarre. Il avait les cheveux teints et avait voulu régler ses courses avec un billet de cent dollars. Il s'agissait d'El Duby, mais comme il ne figurait pas sur les photos de la police — raison pour laquelle Constanzo l'avait désigné pour aller aux provisions —, on ne put l'identifier. A tout hasard, Ponce-Rojas décida de placer deux agents en planque devant le supermarché, qui se trouvait juste en face de l'appartement du 19 Rio Sena où les fugitifs avaient trouvé refuge.

A 2 heures de l'après-midi, une voiture de policiers en civil s'arrêta à l'angle de Rio Sena et du Paseo de la Reforma. Il s'agissait d'une voiture banalisée, mais les voitures banalisées ont toutes un signe distinctif à Mexico : un numéro matricule peint sur les portières. Il est invisible de la voiture que l'on file, mais tous ceux qui se trouvent sur les côtés peuvent le voir.

Les deux policiers avisèrent une voiture luxueuse garée non loin de là, et les passants se firent un plaisir de leur indiquer qu'elle se trouvait là depuis plusieurs jours. Peut-être avait-elle été volée et abandonnée ?

Ils commencèrent à l'examiner sous toutes

esthétique indiqué par le docteur Maria de Lourdes Guero Lopez. Le chirurgien refusa de les aider, compte tenu du danger. En revenant, Sara n'avait rien fait pour se dissimuler, espérant qu'on l'arrêterait et qu'elle pourrait prétendre avoir été retenue prisonnière.

les coutures. Peut-être sans réaliser que la voiture était du même modèle que celle utilisée par Constanzo pour fuir.

Ils ignoraient qu'au quatrième étage de l'immeuble d'en face, dissimulé derrière les rideaux, Adolfo Constanzo observait leur manège. Bien que les policiers n'aient pas porté d'uniforme, il n'était guère difficile de les identifier. Outre leur comportement, leur voiture garée tout près de là aurait suffi à les faire repérer.

Constanzo ne parvenait pas à comprendre. Malgré son argent, son intelligence, ses relations, et surtout la magie qu'il n'avait cessé d'employer, la police l'avait retrouvé. Sans doute songea-t-il à la cabane sur le ranch Santa Helena que l'on avait brûlée, à son *nganga* que l'on avait détruit. Certainement sincère dans ses croyances en la magie, Constanzo dut attribuer ce nouveau coup du sort au fait que son chaudron magique ne le protégeait plus.

Alvaro de Leon Valdez, El Duby, faisait la sieste. Les hurlements de son maître le réveillèrent en sursaut :

— Ils sont là ! Inutile de fuir ! Fini de se terrer !

Constanzo écumait. Il venait de basculer dans la folie.

— Tout est perdu ! criait-il. Mais ils n'auront pas l'argent !

Les autres personnes qui occupaient l'appartement étaient toutes bien réveillées à présent et le regardaient sans comprendre.

Constanzo parcourait l'appartement en renversant les sacs et les valises bourrés de billets et de pièces d'or.

— Ramassez ça ! Apportez tout dans le salon !

Effrayés, subjugués, les autres obéissaient. Il revint bientôt et ouvrit la fenêtre en grand pour commencer à jeter dehors billets et pièces d'or.

Les passants de cette rue commerçante n'en revenaient pas. Sans se poser de questions, ils se précipitèrent sur cette manne et empochèrent tout ce qu'ils pouvaient. Sur le trottoir opposé, les deux policiers regardaient interloqués, se demandant peut-être s'ils devaient se joindre à la meute qui se précipitait sur l'argent, ou tenter d'en endiguer le flot.

Ils levèrent les yeux vers la fenêtre d'où pleuvait l'argent et n'eurent guère le temps de réfléchir. L'homme brun qui se trouvait là-haut braqua soudain sur eux un pistolet-mitrailleur et commença à arroser la rue.

Les deux policiers plongèrent à l'abri de leur voiture et appelèrent du renfort tandis que les balles perforaient la tôle.

Sur le trottoir, les gens s'égaillèrent, mais pas suffisamment vite et l'un d'eux reçut une balle dans la jambe. Il resta à hurler, couché entre deux voitures en se tenant le mollet, sans que personne puisse venir à son secours. Une femme handicapée quitta précipitamment son fauteuil pour s'enfuir à toutes jambes. Le fauteuil resta sur le trottoir, abandonné. Personne ne vint jamais le réclamer.

Au coin de la rue, une autre femme dans une cabine téléphonique continuait de parler comme si de rien n'était.

Les armes de service des deux policiers tonnaient épisodiquement. Ils tiraient au hasard par-dessus la voiture, sans lever la tête, dans la direction approximative de la fenêtre d'où on les canardait, plus pour occuper leur agresseur que dans l'espoir de toucher vraiment quelqu'un. Ils tenaient leur position en attendant les renforts, criant vainement aux gens de se mettre à l'abri : certains n'hésitaient pas à braver le déluge de balles pour aller ramasser quelques billets de cent dollars. Autour des deux policiers, les pare-brise des voitures explosaient et les balles miaulaient sur la tôle et le goudron. Ils ne comprenaient pas ce qui se passait. Ils avaient juste jeté un coup d'œil sur une voiture abandonnée, dont ils se seraient peut-être éloignés quelques minutes plus tard quand l'enfer s'était déchaîné.

Par la suite, diverses versions des événements seraient proposées. L'une d'elles serait que des coups de feu et des cris en provenance de l'appartement du quatrième étage avaient été perçus par des voisins qui avaient averti la police. Sachant que Constanzo se trouvait dans les parages, les policiers avaient bouclé le quartier et commencé le siège de l'immeuble.

Les voisins affirmèrent que la police arriva après les premiers coups de feu, et après qu'une voix de femme eut crié : « Tue-le ». Six détonations auraient alors éclaté.

Un marchand de jus de fruits qui se trouvait sur le trottoir face à l'immeuble — et qui perdit son stand durant la fusillade — raconta avoir entendu une violente dispute. Il était certain que quelqu'un avait appelé la police.

Quelques minutes plus tard, les renforts arrivèrent.

Les deux extrémités de la rue furent bloquées, le quartier bouclé. Des policiers armés de pistolets-mitrailleurs et de fusils d'assaut prirent position et commencèrent à riposter sérieusement tandis que l'on évacuait les civils, qui pour la plupart trouvèrent refuge dans des boutiques d'où ils continuèrent de suivre les événements. Les troupes d'intervention de la police arrivèrent sur les lieux. Équipées de gilets pare-balles et de fusils à lunette, elles prirent position sur les toits des immeubles opposés. En tout, plus de quatre-vingts policiers encerclaient l'immeuble qu'ils arrosaient de leur balles.

Les gangsters étaient à présent plusieurs à tirer. Les autres fugitifs s'étaient joints à Constanzo. Retranchés derrière le rebord de la fenêtre, leurs mains jaillissaient l'espace de quelques secondes, le temps de vider un chargeur au hasard dans la rue. Ils ne visaient même pas.

Entre deux rafales, on entendait la voix de Sara hurler qu'il fallait se rendre, qu'ils devaient cesser de tirer sans quoi la police allait tous les tuer.

La bataille dura quarante-cinq minutes et ne cessa que lorsque les truands se trouvèrent à court de munitions. Les policiers, qui attendaient cet instant et n'avaient qu'un seul blessé, s'apprêtèrent à donner l'assaut.

C'est alors que Sara Aldrete jaillit en courant de l'immeuble.

— Il est mort ! hurlait-elle. Ils l'ont tué !

Derrière elle, sortit El Duby, les mains haut levées pour bien montrer qu'il n'était pas armé, terrifié à l'idée qu'il allait être abattu sans sommation.

Dans la rue, les policiers tentaient de réconforter Sara qui leur jouait la comédie de la pauvre fille entraînée malgré elle dans une aventure qu'elle ne comprenait pas. Elle affirmait avoir été retenue contre son gré.

— Et les autres ? demanda Ponce-Rojas qui était arrivé sur ces entrefaites. Combien sont-ils ?

— Un seul : Omar. Il est caché sous un lit. Adolfo et Martin sont morts. Alvaro[1] les a tués.

Brusquement, Ponce-Rojas eut peur que la sortie de Sara et du tueur ait été une ruse. Constanzo ne les avait-il pas envoyés faire diversion tandis qu'il s'éclipsait par ailleurs ? L'arrivée des *federales*, qui menaçaient de prendre le contrôle de la situation et de lui voler « son » arrestation acheva de le décider. Il ordonna l'assaut.

Les troupes d'élite investirent l'immeuble. Ainsi que Sara l'avait annoncé, on retrouva Omar sous un lit.

1. El Duby.

Constanzo manquait à l'appel.

Les policiers envahirent l'appartement, progressant avec précaution et s'attendant à tout moment à recevoir une volée de plomb.

Ils le trouvèrent dans un placard.

Il était couché sur le sol, enlaçant son amant et garde du corps, Martin Quintana Rodriguez. Embrassés dans une dernière étreinte, tous deux avaient été abattus par Alvaro de Leon Valdez sur les ordres de Constanzo.

Rassurée sur le sort du criminel le plus recherché du Mexique, la police commença à fouiller l'appartement. Les balles des policiers avaient fracassé tout ce qu'il était possible de casser, mais pour le reste l'appartement était bien rangé et rien ne traînait. La maniaquerie de Constanzo l'avait poursuivi jusqu'à la fin.

Dans la cuisine impeccablement tenue, les policiers trouvèrent les restes d'un tas de billets de banque brûlés sur la cuisinière. Un peu partout, des chandelles votives et des objets de culte étaient disséminés. On découvrit également des robes noires, deux épées, un crâne en plastique (!), une crécelle de serpent à sonnette et une série de poupées du type de celles que l'on utilise pour les envoûtements.

Les heures qui suivirent furent fertiles en communiqués contradictoires. On a vu que sur la façon dont les événements avaient débuté, deux versions au moins coexistaient. La police annonça également que Constanzo avait été abattu durant l'assaut, et la presse diffusa des photos du salon où le divan et le mur paraissaient maculés de sang. La propriétaire des lieux, qui nettoya l'appartement par la suite, révéla qu'il s'agissait de ketchup, sans doute répandu par quelque journaliste peu scrupuleux en quête d'une « photo choc ».

On prétendit que deux hommes avaient réussi à fuir durant la bataille, et on se demanda si l'un des deux n'était pas Constanzo lui-même. Les deux cadavres retrouvés dans le placard étaient criblés de balles, et la tête de celui que l'on attribuait à Constanzo était méconnaissable. Le sorcier n'aurait il pas fait abattre un de ses hommes ayant sa taille et sa corpulence pour que les policiers cessent de le poursuivre ?

Tandis que commençait l'autopsie qui allait permettre d'identifier les corps avec certitude, les survivants étaient présentés à la presse. Il y avait là El Duby, Omar, Karla, Maria de Lourdes Guero, et Sara Aldrete.

Devant eux, sur une table, étaient étalés les armes et les objets découverts dans l'appartement. Les journalistes avaient afflué de tous les coins du pays et des États-Unis.

Les prisonniers n'avaient pas belle allure. L'aventure terminée, ils paraissaient dépassés par les événements, comme s'ils saisissaient difficilement ce qui leur arrivait. A l'appel de leur nom ils redressaient la tête. Au bout de la rangée, pâle, Sara Aldrete dépassait tout le monde, même si elle semblait affaissée sur elle-même. El Duby avait un œil poché. Il expliqua qu'il était tombé dans les locaux de la police.

C'est là, durant la conférence de presse, qu'ils racontèrent la fin de Constanzo.

Après avoir jeté l'argent par la fenêtre, El Padrino avait ouvert le feu sur les policiers. Puis il avait laissé cette tâche à ses hommes, pour se mettre à arpenter l'appartement d'une démarche de somnambule. Il semblait être dans un état second, ne paraissait pas voir où il mettait les pieds. Il réalisait que c'était terminé. Ses rêves de grandeur s'achevaient. Il était revenu dans la pièce principale où les autres continuaient de tirer sur les policiers.

— Il a ordonné à Alvaro de Leon Valdez de le tuer, parce que c'était la fin et qu'il voulait mourir avec Martin, expliqua doucement Sara.

De Leon n'était guère enthousiasmé par l'idée. Lui aussi était l'amant de Constanzo, et il ne voulait pas le tuer. Peut-être ressentait-il également un peu de jalousie envers Quintana, qui avait droit à l'honneur de mourir avec Constanzo. Mais ce dernier se mit en colère. Il était toujours le maître du groupe, et si El Duby avait été ordonné prêtre-exécuteur, cela lui conférait des devoirs.

— Il m'a dit de le tuer, dit El Duby. Je ne voulais pas le faire, mais il m'a dit que j'irais en enfer et que j'y passerais un mauvais moment si je ne le faisais pas. Il m'a supplié. Il m'a giflé deux fois. On entendait les flics tirer. Beaucoup de coups de feu.

Pas très grand, enrobé de graisse, les cheveux longs et sales, mal rasé, El Duby avait tout du petit truand sans envergure qu'il était en réalité. Constanzo lui jeta une Uzi entre les mains, puis s'assit sur un tabouret dans le placard qu'il avait choisi pour mourir, faisant venir Martin Quintana à côté de lui. Une dernière fois, il ordonna à El Duby de les tuer.

— Ça s'est passé en un battement de cœur, raconta El Duby. Je me tenais debout devant eux et j'ai juste pressé la détente. Et c'était fini.

Après quoi, comme un somnambule, il était retourné à sa fenêtre canarder les policiers jusqu'à ce qu'il manque de munitions. Sara confirma ses dires.

Là encore, les versions données diffèrent suivant les sources. Les autorités mexicaines affirmèrent par la suite que l'ordre de tuer Constanzo avait été donné par Sara Aldrete, et que tous les membres du culte devaient mourir en un suicide collectif[1], suicide empêché par l'arrivée de la police. Certains s'étonnèrent que l'on ait retrouvé dans les deux cadavres autant de balles qu'en contenait le chargeur de l'Uzi, arguant qu'avec un pistolet-mitrailleur, on éparpille toujours ses projectiles et qu'il était improbable que *toutes* les balles aient porté.

Malheureusement, l'arme disparut des pièces à conviction avant que des tests balistiques puissent être réalisés. Cette arme était gênante à plus d'un titre : elle aurait été fournie par Salvador Vidal et il aurait peut-être été

1. Ce serait la raison pour laquelle Omar s'était caché sous le lit : il n'avait pas envie de mourir et craignait d'être abattu par El Duby après la mort de Constanzo.

possible, à travers elle, de remonter jusqu'aux *federales*. Salvodor Vidal ne fut poursuivi que pour trafic de drogue — un délit mineur en l'occurrence. Il ne fut pas inquiété pour les activités du culte, bien que son nom ait été cité en relation avec plusieurs des meurtres.

CHAPITRE XX

Constanzo mort, la justice devait se contenter des accusés qu'elle avait sous la main. Ceux-ci, après une première réaction de parade et de mépris envers les policiers, commencèrent à réaliser dans quel pétrin ils se trouvaient. El Padrino était mort. Et même s'il conservait ses pouvoirs par-delà le royaume des ombres, même s'il pouvait toujours les voir, il ne semblait guère en mesure de leur venir en aide.

El Duby affirma à la police que, s'il avait été aussi difficile à trouver, c'était parce qu'il avait été béni au cours d'une messe noire. Il dit avoir rencontré Constanzo au cours d'un rituel vaudou mené au ranch. Durant cette cérémonie, il avait sacrifié un jeune homme en le poignardant. Le corps avait été enterré près du ranch[1].

Chacun tenta donc de s'en tirer par ses propres moyens. On revint sur les premiers

1. Personne ne s'est soucié de retrouver ce corps : la liste des meurtres avait été officiellement arrêtée.

aveux affirmant, ce qui est d'ailleurs plus que probable, qu'ils avaient été extorqués sous la torture.

Sara fut la plus rapide à faire volte-face. Dès la conférence de presse, elle exprima du chagrin envers les familles des victimes. Elle nia toute participation aux crimes, et jura qu'elle ne comprenait pas comment elle pouvait se retrouver là. Elle n'avait fait que fréquenter un beau jeune homme rencontré en 1987.

Cela ne cadrait pas avec ce que les premiers suspects arrêtés avaient dit des rapports de la madrina avec Constanzo, et de sa participation dans les activités du culte. Cela ne correspondait pas non plus avec la connaissance qu'elle avait des affaires du Cubain. Certains détails qu'elle fournit aux enquêteurs (de ses rencontres avec de gros bonnets de la drogue auxquels Constanzo la présentait comme sa femme) montrent qu'elle était impliquée jusqu'au cou dans les trafics de Constanzo et dans son activité au sein de la secte. Lors de la conférence de presse cependant, El Duby appuya la version des faits présentée par la jeune femme.

Lorsqu'on lui demanda pourquoi il avait rejoint la secte, il fournit l'explication suivante :

— Parce que j'avais un problème à Matamoros. J'avais tué quelqu'un là-bas, et au cours de la cérémonie, j'ai rencontré certaines personnes de la secte qui pouvaient m'aider.

— Comment cela s'est-il passé ?

— Eh bien, nous sommes allés dans ce petit

temple, une petite maison, et nous nous sommes tenus là et nous avons vu le *padrino* placer un corps dans le chaudron.

— Pourquoi cela ?

— Parce que Adolfo disait qu'ainsi les choses s'arrangeraient pour nous à l'avenir. Il disait que nous aurions une protection, mais Adolfo était le seul à commettre les meurtres lorsque quelqu'un d'autre avait kidnappé les victimes.

— Depuis combien de temps êtes-vous à Mexico ?

— Je suis venu ici il y a environ dix-huit mois à cause du crime que j'avais commis à Matamoros, et je ne sais vraiment pas grand-chose de ce qu'ils ont fait depuis que j'ai rejoint la secte [...].

— Comment avez-vous été initié dans le culte ?

— Je les ai rejoints et j'ai reçu cette bénédiction pour avoir une meilleure protection, et ils m'ont marqué, mais je ne sais pas vraiment ce qu'ils ont fait parce que j'avais un bandeau sur les yeux.

— Quelle est la différence entre les autres types de religions et celle que votre secte pratique ?

— Je ne sais rien de la religion, mais j'ai adhéré à la secte parce que le père de la personne que j'avais tuée à Matamoros voulait me tuer.

— Quelle était la relation entre Martin et Constanzo ?

— Martin était son bras droit.

Omar Orea, également interrogé par les journalistes, nia toute participation aux meurtres.

— Depuis quand connaissez-vous Constanzo ?

— Je l'ai rencontré il y a six ans, quand il est venu à Mexico pour la première fois.

— A quels rituels avez-vous participé ?

— Seulement à ceux de Mexico, et à aucun de ceux de Matamoros. Ils n'ont jamais sacrifié personne ici, mais je sais que la secte est impliquée dans la mort de dix-huit personnes. Le 17 juillet dernier, Constanzo a tué un homosexuel nommé Edgar quelque chose, ou parfois Claudia. Il l'a découpé et a mis les morceaux dans des sacs en plastique qu'il a emportés dans une Lincoln grise.

— D'où provenaient tous ces dollars ?

— L'argent venait de ses activités dans le trafic de drogue. Il a dit quelque chose à propos du vol d'une banque, également, mais je ne sais pas laquelle.

Interrogée sur ce qu'elle éprouvait envers la famille de Mark Kilroy, Sara répondit :

— Je suis désolée pour eux parce que lorsqu'il a disparu, j'ai essayé de l'aider... Si j'avais su que ce serait comme ça, je n'aurais pas adhéré au culte.

Pressée par les journalistes, elle refusa de s'expliquer sur ce qu'elle venait de déclarer. Avait-elle aidé Mark lors de sa détention, ou bien faisait-elle simplement allusion à la distribution des tracts qu'elle avait effectuée comme des dizaines d'autres étudiants dans les semaines qui avaient suivi ?

Elle nia également avoir participé au développement du culte tel que la télévision l'avait dépeint.

— Quand toutes ces choses sont passées à la télévision, tout n'était pas vrai !

— Votre participation dans ces rituels était censée vous protéger de l'arrestation par la police. Que ressentez-vous quant à votre participation dans ces rituels ?

— Je ne crois à rien de tout ça. Ma religion est la Santeria chrétienne. Adolfo m'a initiée l'an dernier. J'étais encore en train d'apprendre et il m'a montré toutes ces choses, et il m'a donné certains des saints que j'ai dans ma maison, saint François, sainte Barbe, la Vierge de la Charité, l'Enfant Sacré et d'autres. J'ai vraiment du mal à comprendre tout ça. L'autre part de ma religion est la Polo Mayombe.

— Pensez-vous que votre arrestation marque la fin de la secte ?

— Non, je ne pense pas que ce soit fini, parce qu'il y a beaucoup de gens dans cette religion. Les choses qu'on a trouvées chez moi n'ont rien à voir avec un rituel satanique. Il s'agissait de saints, comme je viens de le dire.

— Qui a tué les victimes ?

— Adolfo Jesus Constanzo.

— A part Matamoros et Mexico, quels étaient les endroits où se déroulaient ces rituels ?

— Je n'en sais rien, et la secte, c'était seulement nous et ceux qui ont fui. Seulement dans ces endroits.

— Comment choisissiez-vous les victimes des sacrifices ?

— Quand tout ça est passé à la télévision, je n'arrivais pas à y croire. C'était incroyable. J'ai demandé au *padrino* comment tout cela était arrivé, et il a répondu que ça avait été fait par les gens de Matamoros.

— Après chaque sacrifice, mangiez-vous de la chair humaine ?

— Je n'étais jamais présente, mais pour autant que je le sache, personne n'a jamais fait ça. Ils déposaient simplement les restes dans un réceptacle.

Un journaliste lui jeta une dernière question alors qu'on la reconduisait en cellule :

— Avez-vous aimé Constanzo ?

— Non, répondit-elle tout en marchant vers la prison. Je ne l'aimais pas. Mais je l'ai suivi.

La prison dut lui porter conseil, car sa version des faits évolua de nouveau durant les jours suivants, et le lundi, lors d'une deuxième conférence de presse, elle déclara que Constanzo l'avait virtuellement retenue prisonnière après la découverte des meurtres perpétrés au ranch.

— C'était l'enfer, déclara-t-elle. Ils me traitaient comme une prisonnière. J'avais peur. Je ne sais pas comment j'ai pu me retrouver mêlée à tout ça sans savoir de quoi il retournait.

C'est une question que l'on peut également se poser. De 1987 à avril 1989, Sara a fréquenté de très près El Padrino, elle a participé à nombre de ses rituels. On a vu que la technique du sorcier était d'impliquer progressivement ses disciples dans des rituels de plus en plus sanglants, jusqu'à ce qu'ils ne puissent plus reculer et soient tenus à la fois par la crainte des représailles qu'il pourrait exercer sur eux, et leur complicité plus ou moins forcée dans les meurtres. Il est peu vraisemblable que Sara ait pu passer ces deux années dans son sillage sans avoir eu connaissance de ce qu'il accomplissait. Quant à sa prétendue détention après la découverte des meurtres, Constanzo n'était pas homme à s'embarrasser de prisonniers et devait savoir que la grande Mexicaine ne passerait pas inaperçue. C'était le point faible de leur groupe, et il aurait pu la faire disparaître sans que personne n'y trouve à redire[1]... si elle n'avait pas été l'un des éléments clés du culte, justement.

Lorsqu'un journaliste lui demanda si elle avait assisté au sacrifice de Mark Kilroy, Sara répondit d'une voix douce, mais que tous perçurent clairement :

— Non, monsieur. De toute ma vie, je le jure, je n'ai jamais participé à aucun sacrifice, et pas davantage à celui de Mark Kilroy. Jamais ! Jamais ! Si j'avais su de quoi il s'agissait, je ne me serais jamais mêlée à eux. Pas question ! La première fois où j'en ai entendu parler, c'était par la télévision. Et il s'est tourné vers moi et a dit : « Ils les ont trouvés. » J'ai demandé : « Qu'est-ce que tu veux dire ? » Alors il m'a tout raconté. Comment il

1. Notamment lorsqu'ils se trouvaient hors de Mexico.

l'avait fait, et pourquoi il l'avait fait. Ils m'ont emmenée parce qu'ils savaient que je connaissais l'adresse de sa maison. Il m'a gardée là-bas — il refusait de me laisser partir. C'était l'enfer. C'était tellement horrible. Ils me retenaient là-bas, me traitant comme une prisonnière.

Certains détails ne cadraient pas avec l'hypothèse d'une détention forcée. Notamment le fait que Sara soit sortie à plusieurs reprises pour faire les courses du gang en cavale — qui selon ses dires monta jusqu'a neuf personnes, à certains moments, durant les trois semaines où ils passèrent de planque en planque.

Elle s'en expliqua en disant qu'il l'avait menacée d'utiliser la sorcellerie contre sa famille si elle les trahissait. Lorsqu'elle parlait de les quitter, il la battait à coups de poings et de pieds.

A partir de là, l'histoire de Sara dérapa sérieusement. Elle affirma avoir laissé tomber par la fenêtre de l'appartement où elle était retenue prisonnière une note dénonçant la présence des gangsters. Selon elle, cette note destinée aux policiers aurait été la cause de leur arrivée sur les lieux.

Si l'on peut concevoir que la crainte des représailles l'ait empêchée de fuir lorsqu'elle était à l'extérieur, comment ne pas s'étonner qu'elle n'ait pas eu peur de ces représailles alors qu'elle se trouvait dans l'appartement avec Constanzo ? Elle ne fournit aucune explication sur ce point.

Quelques jours plus tard, Sara transformait encore sa version : elle reconnaissait avoir participé à quelques sacrifices au ranch Santa Helena, tout en continuant de nier avoir assisté à celui de Mark[1].

A ce moment-là, la police commençait à prendre toutes les déclarations de Sara avec la plus extrême prudence. On s'était rendu compte qu'elle affichait trois personnalités différentes selon les circonstances. Il ne s'agissait pas de dédoublement de personnalité à proprement parler, mais plutôt d'attitudes adoptées par la jeune femme en fonction des circonstances[2]. Lorsque la presse était là, on avait affaire à une jeune étudiante sage, intelligente, visiblement égarée dans un monde de brutes et qui ne comprenait pas ce qui lui arrivait. Lorsqu'elle avait affaire à la police, elle redevenait la « même vieille sorcière », selon le shérif Gavito qui n'accepta jamais sa version édulcorée des faits.

Gavito avait rencontré Sara en compagnie d'Oran Neck dès le 8 mai. Pour lui, elle était à mettre sur le même plan que Constansio.

« — Elle nous parlait comme une sorcière, déclara-t-il. Elle était grossière. Elle n'a pas pleuré une seule fois. Elle était froide. Froide. »

1. D'un bout à l'autre de cette affaire, seul le sacrifice du jeune Américain fut considéré comme important !

2. En fait, le dédoublement de personnalité a peut-être été évoqué pour rassurer le public et lui faire croire que l'on retombait en terrain connu : tous ces gens-là n'étaient pas des gens normaux, mais des malades mentaux.

Il affirmait détenir les preuves qu'elle s'était trouvée au ranch Santa Helena lors de certains sacrifices. Ces preuves lui auraient été fournies par des gens en prison, aussi bien que par d'autres qui n'avaient pas été arrêtés (sans doute faisait-il allusion au gardien, Domingo Reyes, qui avait vu Mark juste avant qu'on le tue, et à qui on avait dit de quitter les lieux avant le sacrifice). Selon Gavito, Sara était impliquée dans 80 % des meurtres perpétrés au ranch. Elle aurait notamment passé plusieurs appels téléphoniques durant lesquels elle aurait discuté du sacrifice de Mark Kilroy, et elle savait pourquoi Constanzo voulait le jeune Américain : pour sa cervelle.

C'était également l'opinion de Ponce-Rojas, le procureur général, qui avait interrogé Sara juste après son arrestation et qui la trouvait « totalement dépravée » :

« — Nous l'avons interrogée pendant quatorze heures et elle était très sûre d'elle, obscène. César, mon adjoint, est extrêmement religieux, et il était très mal à l'aise. On aurait cru avoir affaire au diable lui-même. »

La troisième personnalité, plus complexe encore, apparaissait lorsqu'elle se trouvait seule sans savoir qu'on l'observait et se parlait à elle-même.

Deux semaines plus tard, Sara revint encore sur ses déclarations et ses aveux, affirmant qu'on l'avait torturée. Deux jours après son arrestation, huit policiers l'auraient emmenée de sa cellule, menottes aux mains et un bandeau sur les yeux, jusqu'à un endroit qu'elle ne pouvait localiser. Là, on l'aurait torturée à l'électricité, on l'aurait battue, à moitié étouffée, et « presque violée ». Selon elle, ce traitement lui aurait été infligé parce que les policiers estimaient qu'elle ne leur avait raconté que des mensonges. Afin de faire cesser la torture, elle aurait alors avoué tout ce qu'ils voulaient, inventant les détails pour leur faire plaisir. Mais elle jurait que tout était faux, et qu'elle était innocente.

La police refusa de faire des commentaires sur ses accusations. Juan Benitez Ayala déclara quant à lui :

— Je n'ai jamais arrêté un homme qui n'ait pas affirmé avoir été torturé en prison.

Interrogé sur la possibilité que la torture ait été utilisée, Gavito eut une réponse qui avait le mérite de la franchise :

— Je l'ignore. Mais si elle l'a été, c'est la meilleure chose qui lui soit arrivée. Je ne pense pas qu'on l'ait assez torturée.

Les autres membres du gang sous les verrous lui emboîtèrent immédiatement le pas, déclarant à qui voulait les entendre qu'ils avaient été torturés et battus, et que leurs aveux n'avaient aucune valeur.

Il existe de fortes présomptions que les accusés aient été torturés pour leur extorquer des aveux, et l'oncle d'un des prévenus, Martinas Salinas, déposa une plainte disant que son neveu avait été torturé à l'électricité, battu, et qu'on lui avait à plusieurs reprises enfermé la tête dans un sac en plastique jusqu'à ce qu'il perde conscience, à tel point qu'un de ses tympans avait éclaté. Le docteur Paulina Vela Esquivel, de l'université de Tamaulipas, à Matamoros, qui examina les prisonniers une semaine après la date où les tortures auraient eu lieu, découvrit des traces sur leurs corps qui corroboraient leurs déclarations.

El Duby avait pourtant reconnu dès son arrestation avoir participé au meurtre de Mark Kilroy. Interrogé sur le comportement du jeune homme avant que le culte le sacrifie, il avait affirmé :

« — Il était très calme. »

La justice pendant ce temps avançait vite. Quelques heures après leur arrestation, les truands s'étaient vu signifier les actes d'accusation pesant contre eux. Ils avaient tous plaidé non coupable, y compris des meurtres de Constanzo et de Quintana retenus contre El Duby et Sara[1]. L'accusation reposait sur les aveux signés par la jeune femme, où elle reconnaissait avoir dit à El Duby d'en finir alors que Constanzo lui demandait de les tuer. Bien qu'elle ne les ait pas tués elle-même, elle avait incité El Duby à le faire. Par la suite, Sara déclara que la police avait rajouté cette déclaration sur ses aveux avant de les lui faire signer, alors que ce qu'elle avait crié, c'était d'arrêter de tirer !

Elle fut également accusée de complicité dans le meurtre du travesti mexicain Omar

1. El Duby accusa la police d'avoir tué Constanzo mais Sara et Omar affirmèrent toujours que c'était lui qui l'avait abattu, bien que Sara ait également dit ne pas l'avoir vu faire, et que Omar se soit trouvé sous un lit à ce moment-là !

Baez, également connu sous les noms de Rafael Paz Esquival et La Claudia. Les autres chefs d'accusation, qui paraissaient presque bénins à côté des premiers, étaient l'association de malfaiteurs et l'obstruction à la justice dans le cas du meurtre de La Claudia.

Sur ce dernier point, Sara affirma ne pas avoir participé au meurtre, et ne pas avoir prévenu la police lorsque Constanzo lui en avait parlé, parce qu'elle pensait qu'il se vantait pour l'impressionner.

Hormis Orea Ochoa et Sara, le meurtre de La Claudia fut imputé à deux autres hommes arrêtés simultanément : Juan Carlos Fragosa et Jorge Montes. Tous deux se virent emprisonnés sans possibilité de liberté conditionnelle.

En ce qui concernait les meurtres du ranch Santa Helena et sa participation au culte, Orea Ochoa adopta la même conduite que l'égérie du groupe : il avait été retenu prisonnier par Constanzo qui l'avait menacé de mort.

Tous furent maintenus en détention sans possibilité de liberté sous caution, selon le même principe utilisé pour les autres membres du culte arrêtés avant eux : l'addition de la peine minimum et de la peine maximum encourues par l'accusé divisée par deux excédait largement cinq ans. Ils risquaient cinquante ans de prison.

Une fois le chef d'accusation déterminé, les prisonniers furent conduits au pénitencier de Reclusorio Oriente, l'une des prisons les plus sûres du pays, non seulement pour s'assurer qu'ils ne s'évaderaient pas, mais également pour les protéger. Le juge estima en effet que les présentations à la presse des derniers jours avaient été très imprudentes. Quelqu'un aurait pu profiter de ce qu'ils étaient offerts en pâture au public pour tenter de les tuer, qu'il s'agisse d'un parent d'une des victimes, d'un illuminé, ou plus simplement d'un gang rival décidé à faire taire les trafiquants avant qu'ils ne négocient leurs informations. Paradoxalement, ce transfert signifia une amélioration de leurs conditions de détention. Cette prison, comme beaucoup d'autres au Mexique, permet aux détenus de tout obtenir, depuis les repas par un traiteur extérieur jusqu'à la visite de prostituées, s'ils ont les moyens de payer. Et les moyens, la famille Hernandez les avait[1].

Un certain relâchement commença d'ailleurs à se faire sentir très vite entre les membres du gang, lorsqu'ils comprirent que la magie d'El Padrino ne les protégeait plus. Chacun commença à charger son voisin au maximum. De Leon essaya de minimiser son rôle, se faisant passer pour un simple tueur et rejetant sur Constanzo et ses deux amants préférés, Quintana et Orea Ochoa, tout ce qui touchait à l'occulte. Il alla même jusqu'à affir-

1. On peut acheter tellement de choses dans ces prisons qu'il n'est pas rare que les détenus s'évadent avec la complicité de leurs gardiens, à tel point qu'une loi récente prévoit que les directeurs de prison purgeront la peine des prisonniers évadés si leur complicité est reconnue.

mer que ce dernier était le plus impliqué, et que ses connaissances en matière de sorcellerie et de magie noire excédaient celles de leur ancien gourou lui-même.

Ceux qui se trouvaient en prison ne se gênaient pas pour faire « tomber » leurs complices, sans doute dans l'espoir d'alléger leurs peines. C'est ainsi que l'on arrêta très vite d'autres membres du culte sous divers chefs d'accusation.

L'un d'eux fut arrêté pour le meurtre de La Claudia, dont il fut rapidement innocenté. Son seul crime, en l'occurrence, était d'être le dernier à l'avoir vu en vie. On le retint tout de même, car lors de l'interrogatoire (sans doute « musclé »), il avait laissé échapper que, s'il était innocent de ce meurtre, il en avait commis un autre sur la personne d'un certain David Rivera, pour un motif passionnel.

Le docteur Maria de Lourdes Guero Lopez et le mannequin Karla (Maria del Rocio Cuevas Guerra) furent accusées de complicité mais remises en liberté sous caution. Elles alléguèrent que Constanzo s'était assuré leur complicité sous la menace, mais elles ne purent guère émouvoir le juge, qui les trouvait trop impliquées dans les activités du culte.

Les premiers arrêtés, ceux qui s'étaient trouvés sur le ranch lorsque Serafin Hernandez y avait conduit les policiers, se virent tous signifier un chapelet d'accusations diverses, parmi lesquelles l'homicide, le kidnapping, le port d'armes prohibées, l'association de malfaiteurs, les crimes contre la santé, le trafic d'armes et l'usurpation d'identité. Seul Hernandez Rivera fut accusé de meurtre.

L'ensemble du dossier d'accusation représentait cinq cent cinquante pages, et le passage des prévenus devant le juge pour la lecture de l'acte d'accusation dura trois heures. Trois heures durant lesquelles le palais de justice fut entouré de gardes armés de fusils à pompe et d'armes automatiques. Juan Benitez Ayala était décidé à garder ses prisonniers en vie jusqu'au jugement.

L'audience aurait pu durer plus longtemps si les accusés avaient répondu aux questions du juge. Ils refusèrent de parler parce qu'ils n'avaient pas d'avocat, ayant récusé celui que la municipalité leur avait assigné. Le juge estima cependant avoir suffisamment d'éléments en sa possession pour les maintenir en détention préventive.

Quant au membre du gang détenu aux USA, Serafin Hernandez Rivera, frère d'Elio, la justice américaine n'était pas disposée à le relâcher si facilement. Elle avait relié le culte mexicain à divers réseaux de trafiquants américains et entendait bien lui extirper tout ce qu'elle pouvait sur ce plan. Si on ne pouvait pas accuser Serafin des meurtres du ranch Santa Helena, du moins pouvait-on lui imputer divers chefs d'accusation, allant du trafic de drogue à la détention d'armes prohibées. Serafin trouva très vite un terrain d'entente avec la police. Contre une réduction de peine à dix-huit mois de prison seulement et la promesse que sa maison ne serait pas saisie, il fournit des renseignements sur les trafiquants de drogue de la région. Il avait rencontré le Christ durant son séjour en prison, affirmait-il, et cela avait changé sa vie.

Sans rapport aucun avec l'affaire des meurtres, mais à noter tout de même pour l'anecdote : la mère de Constanzo fut, à la même époque, condamnée à deux ans de prison pour avoir volé un réfrigérateur dans une maison où elle faisait le ménage. Elle fit appel. Remise en liberté provisoire parce que l'appel était suspensif de l'application du premier jugement, elle disparut sans poursuivre la procédure.

Les Kilroy, quant à eux, déclarèrent à la presse que l'annonce de la mort du meurtrier de leur fils ne leur apportait pas de joie particulière. Ils tentaient de rassembler cinq millions de signatures pour une pétition demandant le démantèlement des réseaux de trafiquants et avaient formé une organisation anti-drogue nommée M.A.R.K.[1].

1. *Make A Responsible Kommitment*, qui pourrait se traduire par « engagez-vous d'une manière responsable », avec une modification de l'orthographe de « commitment » en « kommitment ».

ÉPILOGUE

Tout comme la rumeur publique s'était faite l'écho de menaces sur la sécurité des enfants tant que les fugitifs se terraient dans leurs différentes cachettes, le bruit se répandit que Constanzo n'était pas mort. Durant plusieurs jours, on prétendit que le leader du culte maléfique s'était enfui après avoir fait abattre un de ses complices à sa place, qu'il avait gagné les États-Unis où il était déjà en train de reformer sa secte et de préparer de nouveaux sacrifices. Les indices laissées derrière eux par les gangsters pour faire croire que Sara était morte plaidaient en ce sens : ce qu'ils avaient fait une fois en laissant le passeport et le billet d'avion de Sara, ne pouvaient-ils le refaire ?

L'autopsie permit d'apporter une réponse catégorique à cette question : c'était bien Constanzo qui avait été abattu le 6 mai. Les empreintes digitales et les dents du cadavre étaient les siennes. Constanzo était bien mort, abattu de quatorze balles. Quintana en avait reçu dix-neuf.

Ce qui n'empêchait pas ses adeptes de continuer à lui faire confiance. Il allait certainement se réincarner.

Est-ce à dire qu'ainsi s'achevait l'affaire des sacrifices humains de Matamoros ? Pas vraiment. Les autorités mexicaines ont joué un double jeu dans cette histoire. D'un côté, on a tenté de minimiser son importance. On a compté quinze cadavres, et on s'est arrêté là. On n'a pas cherché le seizième que, selon Orea Ochoa, on aurait pu trouver non loin du ranch Santa Helena. On n'a pas fait venir de pelleteuses pour retourner l'ensemble du champ où les autres avaient été découverts. On n'a pas non plus cherché à savoir si le gang était bien responsable de la mort d'une jeune femme retrouvée le 13 mai et qui avait disparu à la sortie de son travail le 1er mai. Parmi les mutilations subies, on lui avait arraché l'estomac. Les policiers avaient écouté le mari de cette femme, et lui avaient laissé entendre qu'ils pensaient que ce meurtre était imputable à Constanzo et à sa bande. C'était aller un peu vite en besogne : si tel était bien le cas, elle aurait été la seule femme victime du gang.

Pour des raisons que nous exposerons plus loin, il est peu probable que Constanzo ait sacrifié des femmes. Par ailleurs, c'est l'estomac qui a été arraché à cette victime, alors que le culte de Matamoros avait l'habitude d'arracher le cœur et la cervelle.

Mais si Constanzo et ses adeptes ne sont pas responsables de cette mort, à qui peut-on l'imputer ? Y aurait-il une autre secte à l'œuvre à Mexico ? Et en ce cas, ne pourrait-il s'agir d'une secte inspirée par celle d'El Padrino ?

Le parrain lui-même n'aurait-il pas fondé des chapelles de sa secte en différents endroits[1] ? Selon le porte-parole du procureur général de Mexico, Sara aurait déclaré au début de l'enquête que Constanzo avait des adeptes en Floride. Il aurait formé des « grands prêtres » susceptibles de propager son enseignement. Miami a toujours été un terrain propice aux cultes de tous genres. Une religion comme celle créée par Constanzo n'aurait eu aucune difficulté à s'y implanter. On y découvre d'ailleurs régulièrement des corps mutilés selon des caractéristiques qui indiquent l'œuvre d'une ou de plusieurs sectes[2]. Sans doute ne faut-il pas voir là l'œuvre d'El Padrino mais simplement une vantardise de son égérie, peut-être dans le but d'intimider les enquêteurs.

Celle-ci a d'ailleurs bien réussi à tirer son épingle du jeu. En août 1990, elle a été condamnée à six ans de prison, pour association de malfaiteurs. Elle a été acquittée du meurtre de Constanzo pour lequel El Duby a

1. La première de ses grandes prêtresses, une certaine Mara, serait actuellement en activité à Guadalajara. Les recherches n'ont pas permis de la découvrir.

2. A Mexico, en deux ans, on a identifié soixante meurtres rituels d'adultes. Sur la même période, on a découvert les restes de quatorze bébés sacrifiés. A Miami, en 1986, on a retrouvé un bébé sacrifié au cours d'une cérémonie s'apparentant à la Santeria ou à la Palo Mayombe.

récolté trente ans de prison. Jorge Montes et Juan Carlos Fragosa ont, quant à eux, été condamnés à trente-cinq ans de détention pour le meurtre de La Claudia. Seul, parmi les truands arrêtés, Omar Orea Ochoa échappa à la justice. Le sida l'avait déjà condamné, et le 7 février 1990, il mourut d'une crise cardiaque à l'âge de vingt-quatre ans.

Restait à juger la partie principale du dossier, celle concernant les sacrifices perpétrés au ranch Santa Helena. Là aussi, on note une curieuse propension des autorités à minimiser le rôle de Sara.

On ne parle plus des vêtements d'enfants retrouvés chez elle, si on en a vraiment retrouvé (la question ne semble jamais avoir été tranchée, mais simplement « oubliée », comme les cadavres supplémentaires qu'on ne s'est pas donné la peine de rechercher). On a mis l'accent sur son côté « bonne fille » sage et rangée, bonne étudiante toujours prête à rendre service... On affirme qu'elle n'a jamais fait preuve d'un comportement bizarre, oubliant un peu vite ses amulettes, ses absences pour lesquelles elle s'inventait toutes sortes d'accidents, les étudiants qu'elle avait tenté d'emmener « en virée » à Matamoros... Comme par miracle, on a « retrouvé » le papier qu'elle aurait fait parvenir à la police, et qui aurait déclenché l'hallali final.

Peut-être ce papier existait-il vraiment. Peut-être y eut-il encore d'autres messages échangés entre Sara et les autorités. Peut-être que les voisins qui prétendent avoir entendu des coups de feu et une femme hurler « Tue-le, tue-le ! » avant l'arrivée de la police ne se sont pas trompés. Sara avait-elle compris que la cavale ne pouvait durer éternellement, et avait-elle pris contact avec la police ? Le prix de sa réduction de peine aurait pu être la disparition de Constanzo. Cette disparition qui arrangeait bien des gens. Ses complices, tout d'abord, qui pouvaient lui mettre sur le dos tous les sacrifices, et surtout celui de Mark Kilroy, le seul qui comptât vraiment, le seul qui ait justifié le déploiement de force et les voyages de centaines de journalistes. Une disparition qui arrangeait Sara elle-même, car d'égérie, de grande prêtresse ayant participé aux sacrifices — ses complices commencèrent par déclarer qu'elle avait assisté à toutes les mises à mort et suggéré des supplices plus raffinés à Constanzo avant de revenir sur leurs déclarations —, elle devenait une innocente victime fourvoyée dans une bande de drogués homosexuels. Qui arrangea les autorités mexicaines, enfin, ou du moins certaines personnalités haut placées qui auraient pu se retrouver menacées, si Constanzo était passé en jugement et avait donné les noms de tous ceux qui avaient assisté à ses messes noires, voire à quelques sacrifices perpétrés à Mexico même. Son fameux carnet, tenant du grimoire, du livre de bord et du carnet d'adresses, n'a-t-il pas été soigneusement expurgé avant d'être communiqué à la presse ?

Juan Benitez Ayala, qui s'est bien gardé de

chercher plus de cadavres qu'on en avait trouvés, a affirmé aux journalistes que Sara avait participé contre son gré aux sacrifices. On a diminué l'importance de l'élément homosexuel dans les meurtres du culte, pour n'en faire qu'une série d'assassinats reliés à des affaires de drogue ayant mal tourné. Pourtant, toutes les victimes n'étaient pas des trafiquants, loin s'en faut, et les meurtres commis s'apparentent plus à ceux d'un *serial killer* qu'à ceux d'un gang de trafiquants.

Bien que s'appuyant sur une bande de complices pour kidnapper ses victimes et assister à ses sacrifices, Constanzo correspond en effet au portrait type d'un tueur en série.

Par le choix de ses victimes, tout d'abord : de jeunes hommes pour la plupart. On sait que les tueurs en série tuent ceux (ou celles) vers lesquels ils ressentent une attirance sexuelle : l'homosexuel tue des hommes, l'hétérosexuel tue des femmes (ce qui tendrait à indiquer que la jeune femme évoquée plus haut n'a pas été sacrifiée par Constanzo mais par une autre secte).

Par son comportement durant les meurtres : chaque cérémonie s'inscrit dans une progression. Il lui en faut toujours plus.

Par son attitude durant les cérémonies : c'est lui qui tue. S'il suffisait de tuer la victime pour la cérémonie, elle pouvait l'être par un de ses acolytes, un de ses grands prêtres. Or, à quelques rares exceptions près, Constanzo a toujours accompli lui-même l'acte final, qui était la justification réelle de toute la mise en scène l'entourant.

Par le viol, prétendu « rituel », de quasiment toutes ses victimes qu'il a perpétré seul, avant de les tuer.

Par sa décision de sacrifier un jeune Américain, qui entraînera sa perte. Dans son ouvrage, *Hunting Humans*, Elliott Leyton a étudié le cas d'une dizaine de tueurs en série américains et en a dégagé des constantes assez révélatrices. Il a notamment mis en évidence le fait que les *serial killers* tuent en général des représentants de la couche sociale immédiatement supérieure à la leur. L'explication avancée est qu'ils ont ainsi le sentiment de se venger de la société. Ils ne s'attaquent pas à des objectifs trop éloignés, mais aux représentants d'une situation qui pourrait être la leur, et qui leur est refusée. Après s'être « fait la main » sur des Mexicains et avoir ainsi « rodé » son équipe et ses pratiques, Constanzo s'en est pris à ce qu'il ne pourrait jamais être : un jeune Américain issu d'une famille moyenne.

Par son enfance, enfin. Au cours de ses comparaisons, Elliot Leyton a mis en avant une série de vingt-quatre tueurs en série dont on connaît les origines. Sur ce nombre, dix-neuf ont eu une enfance perturbée (divorces, remariages, adoption, abandon, mise en pension, prison...). Constanzo, qui n'avait pas eu une enfance très heureuse, avait connu au moins trois « pères ».

Si cela ne lui ôte en rien la responsabilité de

ses crimes, du moins ces éléments permettent-ils de les éclairer d'un jour nouveau. Plus qu'un adepte d'une religion qui l'aurait dévoyé, c'est d'un tueur en série qu'il s'agit, un tueur qui se serait servi de sa religion, créée de bric et de broc, pour atteindre les jouissances que lui suggérait sa perversion.

Cela sera sans doute de peu de consolation aux parents de Mark Kilroy, et encore moins aux parents des Mexicains disparus. Ces derniers ne sont pas prêts d'oublier que la chute de Constanzo n'est due qu'à une seule chose : il s'en est pris à un Américain, qui plus est, neveu d'un officier des douanes. S'il s'était contenté de poursuivre ses activités en circuit fermé, si les disparitions n'avaient concerné que des trafiquants de drogue et des gamins rentrant leurs vaches dans les environs, nul doute que Constanzo n'aurait pas eu tous ces ennuis.

Aujourd'hui, il serait peut-être l'un des personnages les plus importants de Mexico.

CRIME STORY

LES GRANDES AFFAIRES CRIMINELLES DE JACK L'ÉVENTREUR À NOS JOURS

Waco, la secte en feu, *par Gilbert Picard.*

Le 19 avril, après 7 semaines de siège et de négociations infructueuses, le FBI lance une offensive qui s'avère désastreuse : 86 adeptes dont 17 enfants périssent dans les flammes d'un gigantesque incendie.

Une tragédie bouleversante, qui pourrait aussi se produire en France où 2 millions de personnes (adeptes et familles) sont victimes des sectes.

Par Gilbert Picard, journaliste et auteur de *l'Enfer des sectes*, qui a suivi l'affaire pour France Inter.

FLEUVE NOIR

Cet ouvrage a été composé par EUROCOMPOSITION
à 92310 Sèvres, France
et achevé d'imprimer en août 1993
sur les presses de Cox & Wyman Ltd.
à Reading (Berkshire)

— N° d'impression : 8761. —
Dépôt légal : septembre 1993
Imprimé en Angleterre